LES GLANDES
DE L'URÈTRE

ÉTUDE CLINIQUE ET PATHOLOGIQUE

PAR

E. RELIQUET

ANCIEN INTERNE DES HOPITAUX DE PARIS, LAURÉAT DE L'INSTITUT
OFFICIER DE LA LÉGION D'HONNEUR, ETC.

ET

A. GUÉPIN

ANCIEN INTERNE-LAURÉAT DES HOPITAUX DE PARIS, ETC.

TOME SECOND

PARIS

ANCIENNE MAISON DELAHAYE

L. BATTAILLE et Cie

ÉDITEURS

23, PLACE DE L'ÉCOLE-DE-MÉDECINE, 23

1895

LES
GLANDES DE L'URÈTRE

TOME SECOND

PRINCIPALES PUBLICATIONS DU D' A. GUÉPIN

1891

Recherches sur l'étendue relative du champ visuel pour la lumière blanche et les couleurs. *Tribune médicale*, 9 juillet.

Le faisceau maculaire du nerf optique. *Tribune médicale.*

Le corps pituitaire. *Tribune médicale*, 10 décembre.

1892

La glande coccygienne. *Tribune médicale*, 2 juin.

Sur l'innervation vésicale. *Journal de l'anatomie et de la physiologie de* Ch. Robin, mai-juin.

Laxité congénitale de l'articulation radio-cubitale inférieure et subluxation consécutive de la tête du cubitus en arrière. *Société de biologie* et *Tribune médicale.*

Sur les troubles nerveux liés à l'évolution des gros fibromyômes utérins. *Tribune médicale.*

Hydronéphrose intermittente ; néphrectomie. *Bull. de la Soc. anatomique.*

1893

De la rétention d'urine chez les opérés. *Gazette des hôpitaux*, 18 mars.

Sur les modifications passagères du diamètre de la pupille connues sous le nom d'Hippus. *Annales d'oculistique*, février.

Syphilome cérébral, double névrite optique. Considérations générales sur les névrites et les scléroses optiques. *Revue générale d'ophtalmologie*, 30 avril.

Faux rétrécissements de l'urètre, par le D' RELIQUET et A. GUÉPIN. *Progrès médical*, nos des 20 mai et 4 juin. Brochure, Félix Alcan, éditeur.

Ostéome du brachial antérieur. *Bull. de la Soc. anatomique*, 14 avril.

Lipome périostique de la région frontale. *Bull. de la Soc. anatomique*, novembre.

Cystocèle crurale. *Revue de chirurgie*, août.

Chloroformisation des épileptiques pour interventions chirurgicales. *Gazette médicale de Paris*, 30 décembre.

1894

Y a-t-il des iritis toxiques? *Tribune médicale*, 11 janvier.

Diagnostic des cataractes. (En collaboration avec H. RIPAULT.) *Gazette des hôpitaux*, 20 janvier.

Faux rétrécissements de l'urètre. *Gazette médicale de Paris*, janvier.

Traitement du delirium tremens. *Gazette médicale de Paris*, 11 février.

Le chancre du rectum. *Tribune médicale*, 22 février.

Traitement de l'arthrite blennorragique. *Gazette médicale de Paris*, 3 fév.

Traitement des abcès froids. *Gazette médicale de Paris*, 17 mars.

Luxation de la tête du cubitus en arrière. *Tribune médicale*, 29 mars.

Séméiologie des tumeurs de l'amygdale. (En collaboration avec H. RIPAULT.) *Gazette des hôpitaux*, juin.

De la colique spermatique. Paris 1894 (STEINHEIL, éditeur.) Mention honorable de la Faculté de Médecine de Paris.

Pyonéphrose, etc. *Gazette médicale de Paris*, 11 août.

Volumineux calcul biliaire, etc. *Société anatomique*, 12 octobre.

Les glandes de l'urètre, tome 1er, volume de 246 pages. (En collaboration avec E. RELIQUET.)

1895

Influence des spasmes de l'urètre sur la rétention des liquides de sécrétion dans la prostate. *Société de biologie*, janvier.

Résection du périnée pour la cure de fistules urinaires, etc. *Société de médecine de Paris* et *France médicale*, janvier.

Œuvres complètes du D' RELIQUET (cinq volumes in-8°, de 500/600 pages, avec un portrait de l'auteur et de nombreuses figures dans le texte.)

Fausses cystites. *Gazette médicale de Paris*, 20 juillet. (Communication orale à la *Société de médecine de Paris.*)

Des excitations vésico-urétrales réflexes simulant la cystite (fausses cystites.) *Journal des connaissances médicales*, 18 juillet.

LES GLANDES
DE L'URÈTRE

ÉTUDE CLINIQUE ET PATHOLOGIQUE

PAR

E. RELIQUET
ANCIEN INTERNE DES HOPITAUX DE PARIS, LAURÉAT DE L'INSTITUT
OFFICIER DE LA LÉGION D'HONNEUR, ETC.

ET

A. GUÉPIN
ANCIEN INTERNE-LAURÉAT DES HOPITAUX DE PARIS, ETC.

TOME SECOND

PARIS

ANCIENNE MAISON DELAHAYE

L. BATTAILLE et Cie

ÉDITEURS

23, PLACE DE L'ÉCOLE-DE-MÉDECINE, 23

1895

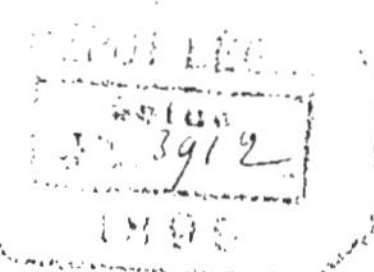

LES GLANDES DE L'URÈTRE

(ÉTUDE CLINIQUE ET PATHOLOGIQUE)

DEUXIÈME PARTIE

CHAPITRE V

Prostatites avec transformation des tissus.

I

Apparition des signes de l'altération des tissus dans le cours du traitement de la prostate sénile. — Un des premiers signes est le développement exagéré des cavités glandulaires, se vidant difficilement par la pression du doigt ou même ne se vidant pas du tout. — Forme *glandulaire* du cancer de la prostate.

Le début clinique du cancer de la prostate est toujours très difficile à préciser; il importerait cependant, tant au point de vue du pronostic que du traitement, de pouvoir reconnaître tout à fait à son origine cette transformation souvent ignorée jusqu'au moment où la nécropsie vient révéler des lésions locales très développées ou même déjà la généralisation.

Dans le cours du traitement de la prostate sénile, quand, par les moyens indiqués longuement plus haut, les cavités glandulaires se sont vidées de leur contenu, on voit survenir peu à peu le retrait partiel de la glande, qui perd de ses dimensions premières, pour se rapprocher du volume normal. Ce sont là les cas heureux, guérisons relatives, puisque même la rétention d'urine ou la stagnation peuvent disparaître et le malade uriner sans le secours de la sonde ; mais ailleurs l'écoulement glandulaire persiste, refluant partie dans la vessie et partie arrivant au méat dans l'intervalle des mictions. Les tissus de la prostate ont alors perdu leur élasticité et les cavités glandulaires restent dilatées et sécrétantes. Il suffit, pour s'en convaincre, de pratiquer le toucher rectal : la pression du doigt sur la prostate déprime facilement les dilatations glandulaires saillantes, qui s'affaissent en se vidant de leur contenu dans l'urètre (1); le malade est soulagé pour un temps, jusqu'au moment où reparaissent les troubles fonctionnels liés à l'état local de l'organe. Nous savons combien facilement, dans ce cas, se produisent des foyers infectieux ou un seul foyer infectieux dans la glande, point de départ d'une infection générale, urineuse ou autre, à tel point que les prostatiques avec dilatations glandulaires persistantes *meurent habituellement de leur prostate* et que la néphrite incriminée en pareil cas, n'est qu'une complication

____

(1) A. Guépin, Société de Biologie, 19 janvier 1895.

habituelle et ultime, mais non capitale, d'un état sus-
ceptible d'entraîner la mort par lui-même. Nous ne
reviendrons pas sur ces faits, ni sur la nécessité de
grandes précautions à prendre tant dans le régime que
dans l'aseptie du cathétérisme évacuateur.

Mais dans d'autres circonstances, où l'on pensait
avoir affaire à une simple dilatation persistante des
cavités glandulaires, le malade décline; il se cachec-
tise; des œdèmes apparaissent et une question se pose
immédiatement à l'esprit du clinicien : n'est-on point
en face d'un néoplasme au début?

Les symptômes qui permettraient d'élucider ce problème toujours complexe, sont multiples et aucun
d'eux ne saurait être considéré comme pathognomo-
nique. Toutefois, d'après les exemples que nous
connaissons, quand les cavités glandulaires dilatées
donnant au doigt qui les presse la sensation d'un kyste
tendu se vident mal ou incomplètement; quand, au
maintien de cette altération locale se joignent des signes
de déchéance physique progressive, on est déjà en
droit de craindre et dans l'obligation de réserver le
pronostic. A plus forte raison, si les cavités distendues ne se vident nullement par la pression, après
que tout a été employé, comme nous l'avons longuement exposé, est-il justifié de conserver des appréhen-
sions. Le kyste — ou du moins ce qui donne au doigt
une sensation analogue — est tendu, rénitent sans
être dur. Il reste tel d'un jour à l'autre tout en augmentant de volume, parfois assez brusquement, sous
l'influence d'une poussée; il est unique, volumineux,
occupe un lobe ou partie d'un lobe qu'il déforme et

autour de lui se trouvent des dilatations glandulaires
banales, avec leurs caractères habituels. Dans les observations suivantes se retrouveront les signes énoncés
ici et résumés en un tableau schématique. Nous
pensons qu'il ne faut point généraliser cette description et croire que tout cancer prostatique débute ainsi
par des modifications physiques locales aussi appré-
ciables; mais le point de départ glandulaire des néo-
plasmes malins est le plus fréquent dans l'espèce.

Ainsi la prostate tuméfiée ne revient pas sur elle-
même, l'induration se localise dans un lobe sans que
les autres points de la surface prostatique reprennent
leur consistance normale ; on redoute alors, non sans
raison, une dégénérescence épithéliomateuse au début.

II

Le tissu de la prostate reprend sa consistance normale, sauf dans un lobe
(surtout le gauche) qui reste induré. — Alors réapparition des troubles
fonctionnels vésicaux qui avaient disparu. — Adénites inguinales et
pelviennes. — Œdèmes.

Dans le genre de faits que nous venons de considérer, la prostatite n'a jamais absolument cédé, les
dilatations glandulaires, bien qu'atténuées, ont toujours persisté autour de l'élément néoplasique en évolution. Les troubles de la miction, les sécrétions abondantes et plus ou moins purulentes ont diminué pour
un temps alors que le traitement habituel calmait
l'état congestif et favorisait le retrait des glandes; mais
il n'y a pas eu de guérison apparente suivie de

rechute à brève échéance comme on l'observe parfois.

Sous l'influence heureuse des moyens thérapeutiques, un sujet atteint de prostate sénile voit parfois dans son état, depuis longtemps mauvais, une amélioration considérable. La miction volontaire est redevenue possible à des intervalles normaux ; tout au plus est-il nécessaire de laver la vessie une fois par vingt-quatre heures ; les urines sont claires ou à peine troubles. Le toucher rectal permet de constater que la prostate, revenue sur elle-même, a repris sa consistance normale dans sa plus grande étendue. La pression du doigt ne fait plus sortir qu'une insignifiante quantité de liquide prostatique se rapprochant de l'aspect normal. Seulement dans un des lobes — surtout le gauche — il semble que quelques culs-de-sac glandulaires n'aient point encore évacué leurs sécrétions. Néanmoins l'amélioration progressive depuis un certain temps fait espérer le rétablissement rapide des conditions normales.

Bientôt survient la rechute qui se traduit tout d'abord par la rétention d'urine incomplète ou totale. On touche par le rectum : la saillie du lobe tuméfiée est plus nette avec les caractères rappelant ceux d'un kyste tendu, que nous donnions plus haut. Le reste de l'organe a conservé son intégrité relative. Les sensations sont donc encore plus précises que dans le cas précédent.

Les troubles fonctionnels vésicaux ne tardent point à réapparaître avec toute l'intensité qu'ils avaient au début. On assiste aux phénomènes d'excitation vésicale intense, moins intense toutefois ici que dans le cas d'oblitération des conduits excréteurs de la prostate par des corps étrangers.

En explorant la fosse iliaque du côté gauche, nous avons trouvé très nettement chez un malade dont l'histoire sera rapportée plus loin, à cette première période clinique du néoplasme, auquel il devait succomber, un empâtement profond qui parut être une adénite. Le malade, médecin lui-même, remarqua avant notre examen que la fosse iliaque gauche était plus saillante que la droite et que la racine de la cuisse gauche semblait légèrement œdématiée. En cherchant avec soin dans le pli de l'aine, déjà les ganglions inguinaux, bien que petits et très distincts, étaient plus volumineux et plus fermes, et certainement beaucoup plus faciles à discerner que ceux du côté droit.

Par la suite, et en quelques semaines, les adénites devinrent absolument manifestes, sans que le développement des ganglions inguinaux fut jamais en proportion avec le développement probable des ganglions du bassin.

L'œdème localisé à la racine de la cuisse resta longtemps sans dépasser notablement cette région et beaucoup plus tard seulement le membre inférieur gauche fut infiltré tout entier. Faut-il rattacher cet œdème à une compression veineuse par les groupes ganglionnaires dégénérés? Faut-il, au contraire, penser qu'il résultait d'une phlébite de voisinage? On peut également soutenir ces deux hypothèses; mais sa localisation longtemps persistante, ses caractères peu tranchés (il n'était ni blanc ni dur, ni très accusé; il n'y avait sur la peau aucune arborisation veineuse) ne permettent point de conclure.

La tuméfaction qui occupe un des lobes de la prostate et dont l'évolution nous a fait prévoir l'origine d'un néoplasme de cet organe, qu'elle siège au milieu des tissus revenus à leur état normal, ou au centre de dilatations glandulaires que vide la pression du doigt, s'ulcère parfois du côté du rectum. Il se forme alors une fistule urètro-prostato-rectale.

OBSERVATION XXXI. — *Prostate sénile et rétrécissement de l'urètre. — Fistule urètro-prostato-rectale. — Néoplasme terminal.* M. X..., cinquante ans environ, vint consulter pour la première fois le 7 *juillet 1880.* Il se plaignait de mictions fréquentes et douloureuses, d'érections pénibles se produisant surtout la nuit, de troubles persistants des urines, qui étaient considérés comme provoqués par un rétrécissement de l'urètre. D'ailleurs, dans les antécédents, plusieurs blennorrhagies; pas de traumatisme périnéal.

L'exploration de l'urètre révèle, en effet, la présence d'un rétrécissement au niveau de l'union du bulbe et de la portion membraneuse. En arrière, la région prostatique est très sensible.

Au toucher rectal : prostate volumineuse, de consistance demi-molle, très douloureuse à la pression. Les deux lobes latéraux forment une masse globuleuse, sans sillon médian. En arrière du lobe gauche, le doigt circonscrit une saillie conique très distincte, le sommet du cône s'appliquant sur la muqueuse rectale. Cette saillie, qui occupe la place de la vésicule séminale gauche, était tellement dure, qu'au premier examen, M. Reliquet eut l'idée d'un calcul.

Le rétrécissement, d'ailleurs peu serré et peu résistant, fut dilaté, l'état prostatique soigné comme il a été dit, et la prostate diminua beaucoup de volume en même temps que les troubles fonctionnels vésicaux s'amendaient progressivement.

L'exploration vésicale fut absolument négative.

Le toucher rectal permet toujours de délimiter avec facilité la saillie du lobe gauche de la prostate; mais cette saillie n'est

plus dure. Le doigt appliqué sur son sommet l'infléchit latéralement sous la moindre pression; mais, de suite, il reprend sa position première. M. Reliquet pense à une lésion de la vésicule
séminale.

L'amélioration des troubles fonctionnels ne persiste pas longtemps, puisque, dès les premiers jours d'août 1880, le malade a de
nouveau des érections pénibles. De temps en temps, il éprouve un
malaise général suivi de l'évacuation par l'urètre et en dehors de
la miction de masses muco-purulentes, striées de filaments blancs
opaques et rougies d'un peu de sang.

Une fois *(le 26 août)* l'évacuation en a été très abondante; les
urines ont été troubles à la suite. La difficulté de la miction s'accroît notablement avant l'expulsion des mucosités et des urines
boueuses. Également la saillie de la muqueuse rectale qui se produisait dans les efforts de miction avant la dilatation du rétrécissement urétral, se produit de nouveau à cette époque.

Le malade retourne chez lui avec le régime, la recommandation
de passer des bougies à des intervalles fixés et de s'abstenir du coït
incomplet qu'il pratiquait depuis des années.

Il revient le *1er juin 1881*. Dans le courant de l'année il a eu
une orchite suppurée à droite. Depuis cet accident les envies
d'uriner sont plus fréquentes, souvent satisfaites avec difficulté et
douloureuses à la fin.

La saillie conique du lobe gauche de la prostate est molle; elle
se réduit sous la pression du doigt et se vide en partie de son
contenu dans l'urètre. A partir de ce moment, les douleurs en
urinant disparaissent et les mictions n'ont lieu que toutes les
trois ou quatre heures.

L'amélioration se maintient deux jours et la saillie prostatique
se reproduit. Elle est encore plus molle; on prévoit qu'elle va
s'ouvrir dans le rectum. Cependant les douleurs en urinant redeviennent très vives et les mictions très fréquentes, quand après
trois jours la tumeur s'ouvre dans l'intestin. De nouveau il y a
amélioration dans les troubles fonctionnels vésicaux.

Mais il passe par le rectum une certaine quantité d'urine et des
mucosités; celles-ci examinées au microscope contiennent les granulations et les sympexions prostatiques. Des lavages de vessie
faits pendant la durée de la période d'excitation précédant l'établis-
sement de la fistule rectale donnent un calme passager qui dure
quatre ou cinq heures.

Le malade les continue lui-même et se sonde facilement avec une sonde molle en caoutchouc rouge, ce qu'il ne pouvait faire auparavant.

Il part le *28 juin 1881* ; quand il urine spontanément, il s'écoule par la fistule une petite quantité d'urine : il peut éviter cet écoulement en se sondant toutes les quatre heures.

On voit combien cette observation, qu'il n'a pas été possible de poursuivre pendant toute l'évolution des accidents, justifie de ce que nous avons décrit au début de ce chapitre : amélioration des troubles fonctionnels, quand s'améliore, sous l'influence du traitement, l'état des glandes enflammées ; aggravation, quand le néoplasme progresse ; soulagement enfin quand, ulcéré, il permet l'écoulement des produits sécrétés en stagnation dans les éléments glandulaires dilatés.

OBSERVATION XXXII. *(M. Reliquet).* — X..., soixante et un ans, menuisier, souffre depuis huit mois en urinant, est obligé de se livrer à des efforts violents pour provoquer la miction dont la fréquence, surtout nocturne, s'accroît de plus en plus. Pas de douleurs pendant le coït dont la dernière tentative remonte à deux mois.

Examen le *17 juin 1883*. Au toucher rectal : prostate volumineuse, saillie fluctuante du lobe gauche de l'organe. Traitement habituel.

Le 24 juin, un peu d'amélioration sous l'influence du traitement ; mictions moins fréquentes, douleurs atténuées. Les urines jusquelà très chargées de muco-pus s'éclaircissent un peu. Au toucher rectal, la prostate dans son ensemble a diminué de volume. La pression du doigt sur la masse fluctuante du lobe gauche ne fait sortir au méat qu'une goutte sanguinolente dans laquelle le microscope découvre des spermatozoïdes inertes et des globules sanguins.

Le 27 juin, l'amélioration continue. Le toucher est suivi de l'écoulement d'une goutte sanguinolente dans laquelle on ne trouve plus de spermatozoïdes.

Le 8 juillet, la tumeur de la prostate a le même volume et la même consistance. Pas de spermatozoïdes dans l'écoulement provoqué, mais sang et pus.

Le 25 août, les troubles fonctionnels de la vessie ont reparu avec leur intensité première. La compression de la saillie prostatique ne fait rien sortir par l'urètre ; mais le lendemain, au moment du toucher, la tumeur s'ouvre dans le rectum et laisse écouler un peu de liquide blanc, filant. Au microscope, j'y trouve les granulations brillantes.

Après la rupture de la tumeur, amélioration qui dure vingt-quatre heures. Je laisse les choses dans l'état espérant que lorsque la saillie sera plus tendue, il deviendra possible de la vider, par compression, de son contenu. Les mictions deviennent encore plus rapprochées et pénibles.

Le 9 septembre, je passe une sonde molle en caoutchouc rouge et lave la vessie avec l'eau boriquée ; le malade se sonde toutes les fois qu'il a besoin d'uriner.

Le 12 septembre, le calme est complet. Le malade se sonde trois fois par vingt-quatre heures. Les urines sont limpides. Il n'y a pas de douleurs, pas d'écoulement urétral. Le toucher rectal ne fait sortir qu'une goutte de liquide blanc opalin et filant. La compression de la saillie prostatique est presque indolente.

Le 15 octobre, j'ai revu le malade tous les huit jours depuis le 12 septembre. Il continue à se sonder pour uriner, quatre ou cinq fois par vingt-quatre heures. Il urine parfois spontanément, mais ne vide pas sa vessie (un quart du contenu vésical environ est expulsé par la miction volontaire). Cette miction volontaire était douloureuse au début ; je conseille néanmoins de ne pas uriner sans la sonde. La tumeur prostatique diminue sensiblement. Le doigt la circonscrit mieux et l'index la dépasse de toute la longueur de la phalangette. Il sort à peine de liquide par le méat et dans ce liquide on trouve quelques leucocytes, de rares sympexions, pas de spermatozoïdes ni de vibrions. On continue le traitement.

24 novembre 1885 : la saillie est plus molle, très bien délimitée. Elle occupe la partie moyenne et gauche de la prostate. Ses bords, taillés à pic en arrière se perdent insensiblement en avant dans le tissu prostatique. La pression du doigt fait sortir une goutte opaline striée de blanc où le microscope décèle des spermatozoïdes immobiles, les uns englobés dans du mucus, les autres libres, de nombreux leucocytes.

Toujours lavages vésicaux à l'eau boriquée et mictions avec la sonde. Le coït demandé par le malade est autorisé.

19 janvier 1886 : le malade se sonde cinq fois par vingt-quatre heures. La tuméfaction de la prostate, de même forme, est plus volumineuse et plus tendue. Le liquide qui sort après l'examen est sanguinolent. Au microscope : pas de spermatozoïdes (a coïté il y a dix jours). Un écoulement de même nature que celui provoqué par le toucher rectal se montre et persiste.

29 juin 1886 : pendant quelques jours, le malade a cessé les lavements et l'excitation pour uriner s'est accrue. Il y a eu un écoulement de matière épaisse, couleur brun-chocolat. Se sonde toutes les six heures le jour, la nuit toutes les quatre heures.

La tumeur, quoique fluctuante, est relativement tendue. Son sommet est bien près de la paroi rectale.

Au commencement de février 1887, la tumeur s'ouvre spontanément dans le rectum. Au toucher on constate son affaissement absolu.

Dans les deux faits précédents, le début glandulaire et le peu d'extension du néoplasme en dehors des glandes elles-mêmes ne nous paraissent point discutables. L'état glandulaire accompagnant l'évolution de la tumeur prostatique était seul perceptible. D'ailleurs, toutes les fois qu'artificiellement, par la pression du doigt ou par le traitement, ou spontanément par l'ulcération de la tumeur vers le rectum, les phénomènes de stagnation et de rétention dans les glandes des produits de sécrétions peu ou très modifiés, ont été supprimés, il y a eu une amélioration notable dans les troubles fonctionnels de la vessie. Ainsi, autant les signes physiques que les signes fonctionnels nous autorisent-ils à considérer une variété clinique de cancer prostatique que nous appellerons *forme glandulaire* après avoir expliqué comment ce terme de « glandulaire » doit être interprété.

Chez le premier malade, un conduit excréteur prostatique dilaté permettait à l'urine de filtrer dans le rectum au moment de la miction volontaire. Chez le second, il en eût été peut-être de même si, renonçant à l'emploi de la sonde, il eût cherché à uriner seul ; mais cela n'est pas certain, en raison des dispositions anatomiques normales de ce conduit excréteur qui vraisemblablement n'étaient pas modifiées.

L'altération des urines, à laquelle on attache souvent une importance capitale, suit la marche de propagation des lésions cancéreuses sur la muqueuse des voies urinaires. Quand les lésions restent en dehors de cette muqueuse, l'état des urines n'a rien de caractéristique et il est en rapport avec d'autres lésions de nature différente, surajoutées aux précédentes.

De même l'examen microscopique des liquides évacués par la pression du doigt sur la prostate et en particulier sur la tumeur prostatique, n'a rien appris de la cause réelle des accidents. Il n'en est pas toujours ainsi, car chez un malade âgé, considéré pendant longtemps comme atteint de prostatite sénile, le toucher rectal provoquait chaque fois une hématurie abondante ; ici le néoplasme s'accrut rapidement, les hématuries devinrent presque continues et la cachexie fut rapide.

Les adénites et l'œdème dont nous avons parlé dominèrent dans la symptomatologie du cas que nous donnons maintenant. Ils mirent sur la voie du diagnostic tout autant que l'état cachectique, et ne parurent point d'abord en relation directe avec les lésions prostatiques révélées par le toucher.

Observation XXXIII. — Un ancien médecin de la marine, âgé d'environ soixante-cinq ans, nous appela pour une rétention d'urine complète datant de quelques heures. On était alors au mois de mai 1893. Depuis plusieurs mois, il s'inquiétait de la fréquence, surtout nocturne, de ses mictions. Celles-ci étaient devenues pénibles et dans les derniers temps les besoins étaient incessants. Il y avait de la constipation, de l'inappétence et un amaigrissement progressif. Le malade avait lui-même tenté le cathétérisme sans le faire d'une façon méthodique, et il n'en avait tiré aucun soulagement.

Une sonde molle en caoutchouc rouge pénètre facilement et après une évacuation graduelle du contenu vésical, on trouve la prostate volumineuse tendue et sensible à la pression ; les urines sont troubles.

Le malade est soumis au traitement de la prostate sénile avec rétention d'urine.

Après quelques jours il se produit un écoulement urétral épais et abondant, qui depuis cette époque n'a jamais complètement disparu. Au toucher rectal : la prostate est moins tendue, plus molle, moins volumineuse dans son ensemble. La pression du doigt sur la glande provoque la sortie de mucosités par le méat. Le malade, toujours au régime lacté est sensiblement amélioré ; il se lève et ne se sonde que quatre ou cinq fois par vingt-quatre heures. Chaque fois il injecte un peu d'eau boriquée dans la vessie après avoir fini d'uriner.

Le mieux dans les troubles fonctionnels vésicaux et dans la santé générale fut tel au bout d'un mois et demi environ, que notre confrère tenta de reprendre peu à peu ses occupations. Il sortit, fit des tentatives de miction volontaire sans toutefois abandonner l'usage de la sonde matin et soir pour vider et laver la vessie.

En *juillet 1893*, rechute. De nouveau, la rétention se montre, avec l'ensemble des phénomènes douloureux qu'elle présentait au début. On revient au traitement. La prostate toujours assez volumineuse dans son ensemble, présente une tuméfaction tendue et presque dure à la partie moyenne du lobe gauche. La pression sur cette tuméfaction est peu douloureuse et ne fait rien sortir au méat. Plusieurs examens à quelques jours de distance donnent les mêmes résultats.

M. Reliquet, en se basant sur les signes locaux tout autant que sur la déchéance physique accusée du malade, et son teint jaune paille, dès ce moment, me prévint qu'il redoutait un néoplasme.

La situation devint meilleure avec des alternatives de mieux et de pis pendant la durée du mois d'août. Toutefois les envies d'uriner sont toujours très rapprochées (toutes les trois heures environ), les urines très chargées de pus et l'état de la prostate sensiblement le même.

A plusieurs reprises, le malade nous fit observer que la racine de la cuisse gauche lui paraissait plus volumineuse que celle du côté opposé. Il y avait, en effet, un léger œdème, sans caractères particuliers. Le reste du membre inférieur gauche n'était pas infiltré, sauf toutefois la région malléolaire quand le malade est resté longtemps debout. En palpant profondément la fosse iliaque, celle-ci paraît moins dépressible que la droite, comme empâtée dans ses parties profondes ; il y a plusieurs petits ganglions durs dans l'aine du même côté.

Septembre 1893. — Rapportant tous les troubles dont il souffre à l'écoulement urétral muco-purulent qui persiste, notre confrère a pris tous les balsamiques sans aucun résultat. L'état général reste précaire ; la tuméfaction prostatique a augmenté de volume : elle est lisse, arrondie, tendue, impossible à réduire par la pression du doigt. Il continue l'usage de la sonde pour uriner, les lavages vésicaux, les lavements, etc., et le régime lacté mitigé.

L'analyse de l'urine faite à plusieurs reprises avec l'examen du dépôt urinaire n'a jamais fourni un renseignement utilisable. Néanmoins le diagnostic, à partir de l'apparition de l'œdème et du moment où se montrèrent les adénites, nous sembla désormais certain. En effet, pendant l'hiver 1893, la cachexie fit de notables progrès. L'œdème qui était resté localisé pendant un mois au moins, gagna tout le membre abdominal gauche, tandis qu'à droite la partie inférieure de la jambe est seule œdématiée. Notre confrère ne se lève plus et malgré ses souffrances, travaille avec toute sa lucidité d'esprit.

L'adénite inguinale encore plus manifeste n'est cependant pas volumineuse ; en revanche, l'adénite probable de la fosse iliaque gauche doit s'être accrue considérablement ; car la sensation d'empâtement profond est très nette. Les envies d'uriner se sont encore rapprochées (toutes les deux heures) ; le besoin est impérieux et douloureux malgré l'emploi des calmants même à hautes doses.

La mort survint à peu de temps de là, après de terribles souffrances, provoquée par des accès de suffocation accompagnés d'expectoration sanglante. On pensa à une congestion pulmonaire; mais nous croyons plutôt à une généralisation du cancer.

Dans ces trois cas rapportés tout au long, les signes physiques et fonctionnels ne semblaient pas devoir permettre de prévoir dès le début, et à travers la prostatite sénile pour ainsi dire, l'altération des tissus commençante. Le cancer a été une complication de cette prostatite sénile. Quand, chez certains vieillards un état de dilatation glandulaire avec hypersécrétion persiste, et que, par une disposition providentielle, l'écoulement des produits sécrétés se fait spontanément, le malade ou le médecin cherchent parfois à supprimer cet écoulement, qu'ils croient à tort être une source de dangers et qui, au contraire, nous le savons, est une sauvegarde. Il arrive alors des hématuries parfois très abondantes que l'on attribue le plus souvent à une tumeur, et on porte un pronostic sombre alors qu'en cherchant à rétablir l'écoulement, on calme les accidents hématuriques et que la marche ultérieure de l'affection prostatique démontre bien qu'il n'y a pas transformation des tissus. Nous avons déjà signalé ces faits dans le tome Ier, page 53. D'ailleurs les erreurs de diagnostic sont très fréquentes dans les cas de cancer de la prostate (1).

OBSERVATION (résumée) (2). — *Autopsie trente-deux heures après la mort.* — La symphise pubienne cartilagineuse se laisse couper facilement.

(1) RELIQUET, *Ostéomalacie sénile du sacrum, du coccyx et de la colonne vertébrale,* brochure 1894.

(2) Nous donnons ici le résumé de cette observation où tous les spécialistes consultés ont cru au cancer prostatique.

L'écartement du pubis fait, je retire du bassin la vessie, la prostate et le rectum. En faisant cela je ne trouve pas la moindre trace d'inflammation. Partout le tissu cellulaire, périphérique à la vessie et au rectum, est sain.

Toutes les surfaces osseuses du petit bassin sont recouvertes par la couche absolument normale du tissu lamineux conjonctif aux mailles les plus lâches.

La vessie très ample, à parois souples et minces, n'offre pas trace de colonne à sa surface interne. A son bas-fond, en arrière du col, la muqueuse est un peu congestionnée; rien ailleurs sur la muqueuse vésicale.

La prostate symétrique, sans induration en un point quelconque, a un tissu relativement souple. Elle est un peu volumineuse et maintient élevé le col vésical. A la section de la prostate, on voit très nettement des cavités glandulaires dilatées, d'où s'échappe le liquide épais de ces glandes. Mais pas apparence nette de points indurés indiquant une sclérose marquée des tissus. La prostate isolée est entièrement d'un tissu souple sans sclérose.

Le rectum et le gros intestin sont sains.

Les artères hypogastriques et iliaques ont leurs parois indurées, ayant perdu toute élasticité, leurs sections restent absolument béantes, elles ne contiennent pas de sang, les veines sont gorgées de sang.

En enlevant les organes du petit bassin, nous avons recherché avec le plus grand soin des ganglions lymphatiques, nous n'en avons trouvé que deux : un, sur le bord gauche du détroit supérieur du petit bassin, gros comme le bout du doigt, très dur, mais isolé, libre au milieu du tissu cellulaire sain le plus lâche. Le second en bas sur le côté droit du coccyx; il est rond, gros comme un pois chiche et très dur. Pas le moindre empâtement du tissu cellulaire autour de lui.

Ainsi tous les organes du petit bassin sont sains.

La face antérieure du sacrum et du coccyx n'offre pas trace de lésions.

Nous cherchons s'il y a des ganglions lymphatiques engorgés dans les fosses iliaques et le long de la colonne vertébrale au-dessus du diaphragme, il n'y en a pas.

Le coccyx est mobile sur le sacrum au niveau de l'articulation sacro-coccygienne.

Le sacrum et le coccyx recouverts des tissus, ne présentent rien de particulier. Les tissus sont sains, il n'y a pas trace d'une déformation osseuse.

L'écartement du pubis nécessaire pour extraire tous les organes du petit bassin s'est faite, grâce à une fracture de l'os iliaque gauche et du sacrum passant obliquement par l'articulation sacro-iliaque.

L'aspect des surfaces de cette fracture est celle d'un tissu splénique très congestionné, il est noir sanguin. Le doigt sur ces surfaces sent le tissu osseux qui se déprime, les lamelles osseuses se laissent affaisser et se brisent sous le doigt sans produire la moindre sensation de piqûres. En versant de l'eau sur ces tissus osseux, ou en les épongeant, on enlève facilement cette boue sanguine noirâtre; les aréoles osseuses, très élargies, deviennent libres, et on voit les lamelles osseuses très minces, très friables à la moindre pression.

Du côté droit, l'union du sacrum et de l'iliaque est intacte. Je cherche avec le couteau l'articulation sacro-iliaque. Mais à la moindre pression le tranchant entre dans l'os, dont j'enlève très facilement des tranches de trois et quatre centimètres de long sur deux de large; l'aspect du tissu osseux est là absolument le même qu'à la surface de la fracture à gauche. Sans m'inquiéter de l'articulation, je coupe dans l'os sacrum pour le séparer de l'iliaque droit.

L'os iliaque droit ne paraît pas envahi par l'altération osseuse ; dans la fosse iliaque de ce côté le périoste ne se détache pas du tissu osseux.

Il n'en est pas ainsi dans la fosse iliaque gauche; là, à partir de la fracture, le périoste est facilement séparé de l'os et cela dans toute l'étendue de la fosse iliaque interne, jusqu'à l'épine iliaque antérieure.

Au voisinage de la rupture osseuse sacro-iliaque, le tissu spongieux est ramolli, se laisse couper, il est gorgé de sang; il a l'aspect splénique. L'altération osseuse s'arrête, n'envahit pas la partie centrale et mince de l'os. Au delà l'os iliaque, en avant est sain, la crête iliaque ainsi que la portion mince centrale de l'os sont normales. Mais au-dessous de l'épine iliaque antérieure, la face interne de l'os est boursouflée, saillante dans l'étendue d'une surface ronde large comme une pièce de cinq francs. Le centre de cette saillie s'élève à un centimètre au-dessus de l'os. Sur la face externe, au même niveau, il y avait une saillie, mais beaucoup moindre. En ce point les aréoles osseuses sont très élargies, les lamelles osseuses très amincies, mais ont plus de résistance à la pression que dans le sacrum. C'est là un îlot d'altération osseuse, isolé absolument du grand foyer de ramollissement.

La colonne vertébrale est sectionnée au-dessus de la dernière vertèbre lombaire.

Le sacrum étant enlevé, lavé, il n'offre à l'extérieur pas la moindre déformation ou saillie; il a un volume plus considérable, son diamètre antéro-postérieur est partout augmenté, partout la pointe du couteau entre sans effort dans l'os; il en est de même dans le corps de la dernière vertèbre lombaire.

Avec la scie, je fais la section longitudinale et médiane du sacrum, du coccyx et de la vertèbre lombaire.

L'aspect de la coupe nous montre que toutes les pièces du coccyx ont leur tissu osseux ramolli, les aréoles gorgées de sang noir, et les lamelles osseuses sont à peine perceptibles au doigt. A l'union du coccyx et du sacrum, au niveau d'une saillie du côté interne, il y a une fracture des os qui intéresse, d'une façon très irrégulière, la dernière pièce du sacrum et la première du coccyx. Il n'y a plus vestige de tissus indiquant la place de l'articulation sacro-coccygienne. C'est un tissu d'aspect splénique très mou. Ici les forts ligaments qui s'attachent au coccyx ne se détachent pas de ce qui a été l'os; en coupant, perpendiculairement à la surface osseuse, os et ligament, la section fait reconnaître un certain degré de ramollissement du tissu du ligament; il semble qu'il se rapproche de l'état gélatineux.

Au-dessus de cette rupture osseuse sacro-coccygienne, on reconnaît distinctement les différentes pièces du sacrum, les rudiments de jointures articulaires persistent, le tissu présente l'altération, aréoles élargies gorgées de sang noir, et lamelles osseuses friables. Mais tout à un degré moins avancé qu'au niveau du coccyx et de la dernière pièce du sacrum.

La vertèbre lombaire est aussi envahie par l'altération osseuse; son tissu qui, comme je l'ai dit, se laisse couper, est gorgé de sang. Cependant il y a un îlot de sa partie centrale qui est sain.

Nous n'avons pas pu examiner la colonne vertébrale, il aurait fallu l'enlever pour avoir le degré d'altération du tissu osseux de chaque corps de vertèbres. Mais en raison de l'inflexion en S qui s'est produite plusieurs fois le malade étant debout, nous pouvons en induire que l'altération du tissu osseux spongieux observé dans la dernière vertèbre lombaire, existe dans les autres vertèbres.

Conclusions. — Dans aucun point des tissus observés il y a le plus petit noyau de masse cancéreuse. Dans aucun il n'y a soit une granulation, soit un petit abcès, soit une condensation osseuse autour d'un petit foyer quelconque. Dans aucun point les tissus mous en connexion avec les os malades ont présenté la moindre altération. Partout le tissu cellulaire est normal, pas trace de ganglion lymphatique engorgé, comme cela se rencontre toujours autour des lésions cancéreuses, et quelquefois des lésions de la tuberculose.

Ainsi le cancer et le tubercule doivent être éliminés.

L'état de ces os coccyx, sacrum, de la portion de l'os iliaque gauche voisine du sacrum, de la dernière vertèbre lombaire et très probablement des autres vertèbres lombaire et dorsale, est exactement ce qui a été décrit sous le nom d'*ostéomalacie sénile localisée.*

Histoire clinique. — Soixante-dix ans, nature très énergique, grand, très bien construit. Maigre, très actif. A monté à cheval jusqu'en 1883.

Ayant eu très souvent depuis sa jeunesse des douleurs de *reins.* Presque par tous les temps se faisait doucher dans son jardin, avec la lance d'arrosement, jusqu'en 1885.

A fait bien des chutes de cheval. Ainsi s'est cassé un bras; il y a peu d'années, s'est cassé la rotule. Phlébite consécutive de ce membre inférieur guéri à Bagnoles-de-l'Orne.

Toujours a été très constipé. N'a jamais été mangeur, gourmand.

Lorsque la douleur dans le coccyx a apparu, toutes les manifestations rhumatismales ont cessé.

Dans la succession des accidents que j'ai observés chez le malade, il y a eu trois périodes :

Première période. — *Localisation dans l'articulation sacro-coccygienne.* — Alors mobilité du coccyx sur le sacrum. Mais le mouvement y détermine dans cette articulation des douleurs intenses. Impossibilité de s'asseoir franchement. Douleurs spontanées locales sur le côté gauche du coccyx, près du sacrum. Impossibilité de rester couché sur le dos.

Crises de douleurs locales spontanées.

A l'extérieur, rien d'apparent, sauf la douleur à la pression du doigt sur le coccyx et surtout sur son côté gauche près de sa base.

Au toucher rectal, la moindre pression du doigt sur l'extrémité du coccyx perçoit très bien la mobilité de cet os dans son articulation avec le sacrum : en même temps, douleur excessive qui arrache des cris. De la pointe du coccyx à sa base, rien d'anormal. A sa base, saillie transversale au niveau de l'articulation, déjà un peu plus marquée du côté gauche, très douloureuse à la pression directe du doigt.

Il y a de temps en temps une forte congestion de la prostate et du rectum. La prostate, au moment de la congestion, est très volumineuse, comme ballonnée, d'une consistance uniforme, rénitente, un peu molle, sans douleur à la pression quand le doigt évite le coccyx.

Le volume de la prostate et sa consistance, dans ces conditions, a fait diagnostiquer un cancer de la prostate.

C'est en se disant atteint de cancer de la prostate que ce malade s'est présenté la première fois chez moi en mai 1887.

Cet état coïncide avec une difficulté plus grande pour uriner, efforts pendant la miction qui vont jusqu'à provoquer une douleur pesante dans l'anus et même vive dans le coccyx.

Plusieurs fois le malade m'a fait remarquer qu'après une éjaculation il urinait beaucoup plus abondamment et avec facilité. Il remarquait aussi que le liquide de la perte était très abondant.

Dès le début de cette maladie, la préoccupation des garde-robes a été continue.

Jamais, malgré tous les moyens employés, même l'électricité, on n'a pu les rendre régulières et faciles.

Bientôt la mobilité du coccyx sur le sacrum diminue, ainsi que la sensibilité due à la pression des doigts sur la pointe du coccyx.

Le toucher rectal ne produit plus l'excessive douleur des premiers jours. Le doigt explore le coccyx de sa pointe à sa base sans provoquer même une sensation pénible. A la base, au niveau de l'articulation sacro-coccygienne, le doigt distingue très nettement une saillie surtout forte à gauche et près du bord de l'os, très sensible à la pression. Pendant longtemps le malade dit au moment où le doigt explore ce point : « Vous me piquez avec votre ongle. » Nous avons toujours attribué cette sensation à la compression du tissu sur une surface osseuse rugueuse. Ce qui nous a fait croire longtemps à la formation d'un petit séquestre.

Jamais la paroi rectale n'a été adhérente à cette saillie osseuse qui a toujours persisté, même en augmentant, jusqu'à ce que le coccyx ait repris sa mobilité quelques jours avant la mort.

Pendant six mois il n'y avait exactement d'apparent que cette localisation dans l'articulation sacro-coccygienne. Avec la difficulté de plus en plus grande pour uriner, qui oblige à se servir de la sonde, pour éviter les mictions fréquentes et douloureuses, la vessie ne se vidant pas. L'usage de la sonde en vidant la vessie qui a toujours une très grande capacité, permettait au malade de n'uriner que trois fois ou quatre fois au plus par vingt-quatre heures. Pendant cette première période, nous avons toujours cru à une arthrite de l'articulation sacro-coccygienne bien localisée.

L'état général était très bon. Toujours très grande et belle énergie morale, jamais de troubles généraux, soit du côté des voies digestives, soit du côté des centres nerveux.

DEUXIÈME PÉRIODE. — *Envahissement du sacrum et de l'os iliaque gauche.* — Jusque-là le malade n'a jamais parlé de son bandage nécessité par une hernie inguinale. Il se plaint que la pelote postérieure qui porte sur la face postérieure du sacrum, lui fait mal. En effet, la place de la pelote est marquée par une dépression, il semble qu'au-dessous il y a un peu d'œdème sous-cutané.

Le malade persiste à porter son bandage et bientôt l'œdème au-dessous de la place déprimée par la pelote est manifeste.

On change le bandage.

En même temps la douleur n'est plus localisée dans le coccyx, le malade ne l'indique pas seulement dans le sillon interfessier, mais il porte la main sur toute la face du sacrum, insistant sur le côté gauche. L'exploration avec la main provoque, en effet, de la douleur sur cette face extérieure du sacrum et surtout près de l'articulation sacro-iliaque gauche.

Puis apparaît un œdème localisé sur le côté gauche du sacrum envahissant vers la fesse. Il y a même fort souvent un œdème très notable de l'union de la fesse et de la cuisse tout à fait en arrière, et en bas. Il en résulte une saillie plus grande de la fesse avec abaissement du pli cutané qui sépare la fesse de la cuisse. Que de fois le malade, prenant à pleine main cette masse d'œdème, m'a dit : « C'est là que je souffre. » En effet, par moment (il y avait de longues interruptions), le moindre contact de la main exploratrice provoquait là une vive douleur.

Puis la douleur s'est localisée très nettement au niveau de l'articulation sacro-iliaque. Presque constamment il y avait œdème du tissu sous-cutané à ce niveau. Les œdèmes localisés allaient et venaient sans disparaître absolument, sans que nous puissions attribuer leur variation à une cause extérieure quelconque, habitus debout ou couché, etc.

Toujours le malade restait couché sur le ventre, ou un peu, dans cette première partie de cette période, sur le côté droit. Pendant les crises douloureuses il ne pouvait rien supporter sur le côté gauche et postérieur de son bassin.

Bientôt l'œdème remonte au-dessus du sacrum. Entre l'épine iliaque postérieure gauche et la colonne vertébrale, par moments, c'est une saillie dans laquelle le doigt enfonce et laisse une impression profonde.

L'exploration par le rectum ne donne rien. La prostate n'est plus congestionnée, par moments, au même degré qu'autrefois. Il est vrai que le malade se sonde pour uriner. Il y a eu un moment une congestion hémorroïdaire très grande du rectum, pendant laquelle le malade s'est plaint que son anus était saillant. L'anus n'était pas saillant, mais au lieu d'être au fond d'un infundibulum, le sujet étant maigre, il était presque au niveau des ischions. L'anus ne s'est plus remonté. Au toucher rectal, on ne trouvait exactement que la saillie à gauche de l'articulation sacro-coccygienne. Saillie dure, un peu irrégulière, plus ou moins sensible, quelquefois beaucoup à la pression du doigt. Au-dessus pas trace d'altérations osseuses perceptibles au doigt.

En comprimant le sacrum, ou l'articulation sacro-iliaque gauche entre le doigt indicateur droit dans l'anus et la main gauche qui explore extérieurement, il y a, dans toute la région sacro-iliaque, souvent de la douleur et toujours de la sensibilité. Douleurs et sensibilité sont toujours rapportées par le malade au tissu externe. C'est toujours de la palpation extérieure dont il se plaint.

Pendant la première période le malade pouvait s'asseoir en se tenant avec soin sur la fesse droite. Mais depuis cette seconde période, il ne peut plus s'asseoir ; pour manger il se met à genoux ; jusque-là il sortait même en voiture en prenant les précautions dont nous venons de parler pour s'asseoir, mais maintenant il ne le peut plus.

Il ne peut rester que debout, à genoux ou couché sur le ventre, incliné sur le côté droit.

Brusquement tout le membre inférieur gauche est œdémateux. L'œdème augmente étant debout, puis debout ou couché il est de même. Je cherche par le toucher rectal et la dépression abdominale combinés, s'il y a une cause de compression des veines iliaques. Je ne trouve rien.

Le malade se plaint de douleur vive dans la continuité de la cuisse et de la jambe, mais sans localisation bien nette, sans trajet bien fixe; pendant quelques jours le moindre poids sur le pied est douloureux. Lorsqu'on veut faciliter, au malade couché sur le ventre, un mouvement en déplaçant le membre gauche œdématié, on provoque des douleurs vives. Ainsi, les mouvements communiqués à ce membre gauche sont douloureux. Le malade le déplace lentement, se lève seul, se tient debout sans souffrir.

L'œdème n'envahit pas la fesse droite, toute la face postérieure du sacrum est gonflée. Là il y a de très grandes variétés selon le moment, toujours le côté gauche est plus œdématié que le droit, mais ce dernier l'est plus ou moins.

On perçoit, nettement, le doigt dans le rectum contre le sacrum, la saillie osseuse au niveau de l'articulation sacro-coccygienne. On reconnaît ainsi, l'autre main étant sur la face postérieure du sacrum, un épaississement notable de cet os, sans qu'il y ait trace d'une déformation osseuse, d'une saillie en dehors de celle que nous venons de rappeler. Pas trace non plus d'une lésion quelconque des tissus mous.

L'état général se maintient encore, l'énergie morale est complète, les douleurs sont supportées. Les moyens calmants deviennent de plus en plus insuffisants. Le malade réclame du repos et on parle d'injections de morphine.

Toujours le malade se sonde pour uriner trois ou quatre fois par vingt-quatre heures. Les urines sont bonnes. Dès qu'elles contiennent un peu de mucosités, on fait l'injection d'eau boriquée à 4 pour 100, à 37° de température dans la vessie.

Plusieurs fois pendant cette seconde période, après une évacuation spermatique abondante, le malade urine seul (sans sonde) et très abondamment; il rend autant d'urine que par la sonde.

Les garde-robes ne sont obtenues que grâce aux purgatifs légers et aux lavements variés.

Cette seconde période a duré plus de six mois.

TROISIÈME PÉRIODE. — *La colonne vertébrale est envahie.* —

Troubles cérébraux. L'élément douleur ne peut plus être vaincu que par l'injection de morphine, dont on maintient la dose aussi faible que possible.

Depuis le début de la maladie les quelques éclaircies sans douleurs n'ont jamais dépassé quelques heures, l'absence de repos même court impose la morphine.

A cette époque, sans en incriminer ce médicament, brusquement la fesse droite et le membre droit sont œdématiés. Là encore, par la palpation du ventre et le toucher rectal combiné, on ne trouve rien qui puisse gêner la circulation de retour. Mais les douleurs dans la fesse droite sont vives, le malade ne peut plus se coucher que directement sur le ventre. Il ne peut plus se mettre sur la chaise percée. Avant, il s'appuyait surtout sur sa fesse droite. Il ne peut pas, pour les mêmes raisons, être mis sur un bassin plat. Il est obligé d'aller à la garde-robe debout, les cuisses légèrement fléchies étant soutenues par des hommes de chaque côté.

Bientôt, il ne peut plus rester à genou pour manger, il se produit une fatigue extrême dans le tronc, et de la douleur plus vive dans le bassin. C'est à ce moment que, le malade étant debout, nous reconnaissons d'une façon très nette l'incurvation latérale en S de la colonne vertébrale.

A partir du cou l'incurvation des apophyses épineuses dorsales se fait à gauche, puis revient à droite, pour présenter une incurvation égale dorso-lombaire à droite.

Le malade étant couché, cette double incurvation disparaît, et cependant le sommet de chaque incurvation en dehors de la ligne médiane était de 7 à 8 centimètres.

Un jour on mit des pointes de feu sur la colonne vertébrale incurvée, en suivant les apophyses épineuses, puis les incurvations disparurent. Ainsi, on jugeait très bien le degré d'inflexion que prenait la colonne vertébrale.

Maintenant le malade, pour se reposer du lit, pour manger, se met à genoux, dans un meuble ayant l'aspect général d'un prie-dieu, muni de deux accoudoirs latéraux qui, servant d'appui aux bras, empêchent en partie l'affaissement vertébral.

A partir de ce moment, la maladie fit des progrès rapides. »

A côté des néoplasies malignes de la prostate doivent être rangées les productions telles que le fibrome, dont un cas a été rapporté dans les « Leçons », qui coïncident avec une inflammation glandulaire et ont certaines relations avec ces inflammations glandulaires, causes occasionnelles tout au moins de leur développement. Mais ceci nous entraînerait hors de notre cadre. Les lésions tuberculeuses, toutefois, ulcérées du côté du rectum donnent lieu à des fistules. L'âge du sujet, l'examen des autres organes, la recherche des bacilles, l'étude de la phase prémonitoire, ne permettent point, le plus souvent, de confondre à cette période une tuberculose locale avec un néoplasme, et, à plus forte raison, la confusion n'est-elle pas facile alors qu'il n'y a point encore ulcération. A ce titre, nous citerons l'observation suivante (1), où il s'agissait vraisemblablement de tuberculose, bien que le traitement ait amené la guérison.

OBSERVATION. — *Fistule urètro-prostatique périnéale et rectale.* — *Guérison.* — En septembre 1878, M. X..., vingt-deux ans, Hispano-Américain, me demande s'il peut être débarrassé de l'affection qui trouble absolument sa vie. Il me remet l'exposé de sa maladie fait par le médecin qui l'a soigné chez lui et dont voici le résumé :

En décembre 1876, chaudepisse que le malade traite sans consulter. Deux mois après, l'écoulement étant passé, subitement apparaissent tous les symptômes d'une prostatite aiguë. D'abord difficulté de miction, puis rétention complète qui nécessite le cathétérisme, ténesme rectal, sensation de corps volumineux dans le rectum, qui empêche la sortie des matières fécales. L'introduction de la canule pour le lavement est difficile. Le toucher rectal et l'application du spéculum ani font reconnaître l'existence d'une tuméfaction saillante dans le rectum et attenant manifestement à la prostate. Mais on ne perçoit pas de fluctuation.

Heureusement le 18 mars 1877, après un long temps de souf-

(1) RELIQUET, Société de Médecine de Paris. 9 février 1884.

frances excessives, au moment d'un effort violent de défécation, la tumeur s'ouvre dans l'intestin et il sort par l'anus environ 500 grammes de pus.

A la fin de mars, l'écoulement de pus par l'anus diminue beaucoup. Il se forme une tuméfaction au côté droit du périnée tout près de l'anus qui est incisé le 31 mars. Par cette ouverture, il s'écoule beaucoup de pus. Un tube à drainage introduit pénètre jusqu'à une profondeur de 20 centimètres sur le côté du rectum. Mais ce tube fonctionne mal ; on le retire, l'ouverture libre se ferme peu à peu.

Au milieu d'avril le pus commence à sortir par l'anus et il y a un gonflement notable, dans le triangle droit du périnée, qui se prolonge en arrière vers la zone ischio-anale. Le 19 avril, une large incision est faite sur cette tuméfaction ; il s'écoule une grande quantité de pus. L'index introduit dans la plaie se trouve dans une grande cavité dont il ne peut toucher les parois supérieures. Le pus cesse de sortir par l'anus, mais il sort abondamment par l'incision en diminuant de plus en plus. Jamais il n'est sorti de matières fécales par la plaie.

La rétention du début persiste. Le malade se sonde trois à quatre fois par vingt-quatre heures. Mais jamais par l'urètre il ne s'est écoulé de pus. Deux fois, l'urine, évacuée par la sonde, a été teintée de sang.

La plaie s'étant refermée, pour faire cesser les clapiers, on fait un large débridement. La miction normale se rétablit peu à peu, mais la large poche suppurante prérectale ne diminue que très lentement et la plaie extérieure persiste.

Cependant, tout semblait marcher vers une guérison, lorsque le 22 septembre 1877, le malade, en urinant, se sentit mouillé par l'urine qui lui coulait le long des cuisses. L'urine sort par la plaie, et à chaque miction il en passe 15 à 20 grammes par cette voie.

Immédiatement le malade se sonde toutes les fois qu'il a besoin d'uriner. On cherche à dilater l'urètre en passant des sondes Mayor de plus en plus grosses. Après deux mois, vers la fin de novembre 1877, la sonde est mise de côté, l'urine ne passe plus par la plaie. La poche prérectale a sensiblement diminué et l'ouverture cutanée est presque fermée.

Mais le 11 décembre, l'urine repasse à nouveau par la plaie. On reprend la sonde à chaque miction. Après quelques jours il ne passe plus d'urine par la fistule. Lorsque le 1er janvier 1878, sans cause apparente, il y a une irritation violente du col vésical accompagnée d'un écoulement continuel d'urine par la plaie même en dehors des mictions. Le passage de la sonde, très douloureux, ne peut pas être supporté. Cet état aigu s'atténue lentement. L'incontinence permanente cesse le 22 janvier. La sonde commence à être supportée ; mais l'urine passe toujours plus ou moins par la plaie jusqu'au 11 mars.

Alors le malade vient en Europe, où il consulte. Lorsque je le vois, le 2 septembre 1878, il me dit que l'urine passe abondamment par la plaie, et que depuis un examen fait il y a un mois, l'urine passe aussi par l'anus. Il m'est facile de constater ces faits. Je vois l'urine sortir par la plaie et par l'anus.

La constitution générale du malade est d'apparence assez bonne : cependant il est un peu pâle et se fatigue très vite ; il tousse facilement au moindre froid depuis qu'il est en Europe. Il y a des antécédents d'affection de poitrine dans sa famille. Pendant son voyage, il a eu à plusieurs reprises des abcès autour de l'incision primitive qui ont été ouverts et qui l'ont beaucoup fatigué.

Depuis le triangle droit du périnée jusqu'à la limite postérieure de la saillie de la fesse droite, existe une tuméfaction dure, rouge violacé, rénitente à la pression ; présentant une ouverture de 3 centimètres de long, antéro-postérieure, allant du périnée vers le côté de l'anus ; puis plusieurs autres plus petites en arrière et sur la fesse, lesquelles sont plus ou moins fermées. Avec la sonde cannelée, je reconnais facilement le décollement qui se prolonge en arrière vers la fesse. Mais ma sonde cannelée de 12 centimètres conduite en haut, pénètre tout entière le long du rectum sans rencontrer la paroi supérieure de la cavité.

Le malade est très habitué à se sonder ; il se passe devant moi une sonde en étain avec la plus grande facilité et se vide bien la vessie. La vessie est très calme et se dilate facilement jusqu'à plus de 500 centimètres cubes ; de là la nécessité de trois cathétérismes, quatre au plus par vingt-quatre heures.

L'urètre, très libre, n'est pas irrité. Depuis les accidents de cystite, janvier 1878, jamais il ne sort de pus ou de matières fécales par le canal. De temps en temps, il sort par le méat une petite masse muco-purulente un peu dense, mais rien de plus.

Par le toucher rectal, on constate la face supérieure de la masse indurée de la fesse droite, et on sent la paroi rectale épaissie, rien de plus.

Je ne cherche pas à introduire mon doigt dans la plaie craignant d'ouvrir davantage la fistule urinaire. De même je me garde bien d'explorer l'urètre pour trouver avec une petite sonde exploratrice de la prostate, l'orifice urétral de la fistule.

Ce jeune homme, après avoir consulté beaucoup de chirurgiens, ayant recueilli les opinions de chacun, est par suite très hésitant. Il reste à Paris pendant un mois avant de prendre une décision. Pendant ce temps, il a une poussée d'abcès, que j'ouvre largement. J'introduis très librement mon doigt dans la plaie et je constate que la prostate, peu volumineuse, sans bosselures, d'une consistance normale uniforme, présente à son centre comme un infundibulum ; j'ai exactement la sensation d'avoir le doigt sur l'orifice évasé d'un conduit creusé dans les tissus.

Quant à l'exploration de la paroi de la poche avec le doigt, elle ne m'indique rien de plus que ce qui avait été constaté, c'est-à-dire une amplitude énorme, impossibilité de toucher le sommet de la cavité.

D'une part, devant la liberté absolue de l'urètre, le calme complet de la vessie qui ne nécessite que trois à quatre cathétérismes par vingt-quatre heures, et l'habileté du malade à se passer la sonde ; d'autre part, devant ce vaste cloaque, où l'urine pénètre dès que le malade urine sans la sonde, où les matières fécales passent constamment et causent des abcès incessants, et devant l'affaiblissement général, je propose au malade de faire largement l'opération de la fistule à l'anus, et pendant la cicatrisation forcément lente de la vaste plaie ainsi faite, de lui imposer le séjour au lit avec un régime qui puisse le faire engraisser, et de ne plus uriner sans la sonde. Le malade accepta.

Toujours préoccupé de l'état général du malade, surtout devant l'aspect pâle un peu amaigri qu'il avait pris depuis son séjour de cinq semaines à Paris ; craignant cette phtisie à marche lente, si commune chez les Hispano-Américains, phtisie qui prend chez eux si facilement une marche plus rapide lorsqu'ils sont dans un climat plus froid que le leur, je priai le docteur Thevenot de venir examiner mon malade. Il constata des râles muqueux au-dessous de la clavicule gauche, mais sans caractères bien nets. Les crachats, rares, sont muqueux (1), épais et jaunâtres. Pas de

(1) A cette époque, il n'était pas encore question des bacilles de la tuberculose que, maintenant, dans les cas analogues, je recherche toujours.

signes physiques de tubercules ; mais bronchite chronique limitée, et s'étendant facilement, d'après le dire du malade.

L'examen direct de la face postérieure de la prostate me laissa penser aussi qu'il n'y avait pas de tubercules dans cet organe, en raison de sa consistance générale uniforme.

Après avoir purgé la veille et avoir soigneusement vidé l'intestin, le matin, au moyen d'un grand lavement donné avec une très longue canule en gomme, l'opération est faite le 13 octobre 1878. MM. les docteurs Thevenot et Rizat m'assistent. La vessie est vidée par la sonde. Le malade est chloroformisé, couché sur le côté droit, les cuisses fléchies sur le tronc ; la cavité est lavée avec de l'eau phéniquée à 6 pour 1000, ainsi que l'extérieur. Je commence par dilater l'anus pour introduire mes doigts le plus haut possible dans l'intestin.

J'engage dans la plaie une longue et solide sonde cannelée qui pénètre jusqu'à une profondeur de 14 centimètres. C'est le cul-de-sac le plus élevé de la poche. Les doigts et presque la main introduite dans l'anus, j'arrive avec l'index à sentir, à travers la paroi rectale, l'extrémité de la sonde cannelée. Avec celle-ci, je traverse cette paroi rectale en la comprimant sur mon doigt.

Je passe le fil de fer du constricteur de Maisonneuve, et cet instrument manié très lentement, je fais la section par écrasement de tout ce haut pont recto-anal et cutané.

Quand il ne reste plus que la peau à couper, le fil de fer se casse, mais il est facilement remplacé.

L'opération est faite à blanc, ce que je voulais.

L'écartement des lèvres laisse voir une énorme plaie qui est immédiatement lavée à grande eau avec l'eau phéniquée à 6 pour 1000. J'en explore attentivement la surface ; je ne trouve pas de décollements latéraux ou supérieurs nécessitant une nouvelle section. En aucun point, je ne trouve de nodosités, de petites tumeurs dénotant l'existence de tubercules soit dans la prostate, dont l'infundibulum médian est la seule lésion, soit dans les vésicules séminales, qui sont absolument saines.

De longues mèches de charpie, imbibée d'eau phéniquée à 6 pour 1000, sont placées sur toute la surface de la plaie, en ayant soin de laisser libre la section postérieure du rectum pour la sortie des gaz. A l'extérieur, je place des compresses imbibées d'eau phéniquée recouvertes d'un taffetas gommé, et le tout est maintenu par le bandage en T.

Je sonde le malade toutes les six heures, avant le besoin d'uriner, jusqu'au lendemain.

La température axillaire reste à 37°, et il n'y a aucune gêne générale ou locale.

Le 14 octobre, j'enlève le pansement et je donne un grand lavement ; j'introduis, en suivant la paroi postérieure de l'intestin, une longue canule en gomme olivaire et très molle jusqu'à 25 centimètres ; je laisse arriver le liquide, eau tiède, très lentement dans l'intestin. Un litre est ainsi injecté. Le lavement rendu, je lave bien avec l'eau phéniquée, au moyen d'une seringue, la plaie ; je la sèche avec des linges, et le malade, étant couché sur le côté droit, urine. Alors, je vois sortir de l'infundibulum de la face postérieure de la prostate, l'urine. J'applique le doigt sur cet infundibulum, et il ne sort plus d'urine.

A partir de ce moment, le malade reste au lit. Il se fait uriner lui-même trois ou quatre fois par vingt-quatre heures, en se passant sa sonde en étain.

Matin et soir, le pansement enlevé, on lui donne le grand lavement d'eau tiède, additionnée, selon le besoin, de deux cuillerées de gros miel ou de glycérine, exactement comme je viens de le décrire. Puis, le pansement est refait.

Je donne au malade du rhum créosoté à 7 grammes pour 500 : d'abord une cuillerée, matin et soir, dans un verre d'eau, en mangeant. Après cinq jours, je donne deux cuillerées le matin et une le soir ; puis à continuer, deux cuillerées, matin et soir. L'appétit devient excellent ; bientôt, l'aspect général du malade devient très bon, et il engraisse.

Le cinquième jour après l'opération, on se sert d'eau phéniquée à 3 pour 1000, et on ne donne plus qu'un grand lavement le matin.

En faisant le pansement, j'observe absolument la règle imposée dans la fistule à l'anus : toute la surface de la plaie étalée et recouverte de charpie imbibée d'eau phéniquée, je veux avoir absolument une cicatrisation de surface, sans qu'en un point les parois puissent s'accoler l'une à l'autre.

Tout se passe à souhait : pas d'excitation vésico-urètrale nécessitant des cathétérismes trop fréquents ; toujours pas d'écoulement de pus ou de mucus par l'urètre. La toux et les crachats qui nous préoccupaient ont cessé. La plaie, très belle, devient une surface plane couverte de bourgeons charnus de très bonne nature.

Le malade, prévenu bien souvent par moi, que les suites de son opération seraient très longues, qu'il y aurait une cicatrisation très longue à se faire, était d'un moral excellent et acceptait très bien sa situation.

Le 1er février 1879, deux mois et demi après l'opération, la plaie est large comme le doigt et longue de 6 à 7 centimètres. Le malade me demande d'uriner sans sonde. Il le fait devant moi, il passe sept à huit gouttes d'urine par la plaie. Immédiatement l'état moral change, et malgré tout ce que je puis lui dire, il se désespère. Alors, sous l'influence de son entourage, il fait venir sans moi un médecin, lequel, sachant que je soignais ce malade, appela un chirurgien. Je m'aperçois qu'il a été touché à la plaie, elle est irritée, saignante, il a de la toux, des crachats, l'état général n'est plus aussi bon. Alors le malade me demande de me trouver en consultation avec le médecin, le chirurgien et mon maître M. le professeur Gosselin qui, appelé, sur la demande du malade, par les deux confrères, avait refusé d'examiner le malade sans que je sois présent.

La consultation a lieu le 10 janvier 1879. MM. les Drs Leclerc et Thevenot assistent à la consultation. M. Gosselin approuve tout ce que j'ai fait, les autres confrères ne font pas d'objections.

Je remets le malade à son régime de rester couché, de se sonder pour uriner, de prendre de grands lavements avec la longue canule.

Il reprend immédiatement son rhum créosoté et, deux jours après, la sécrétion bronchique et la toux avaient disparu.

Le 15 février 1879, la cicatrice complète est linéaire. Le malade urine librement sans qu'une seule goutte d'urine passe par l'anus. L'embonpoint existant est démontré par la nécessité d'avoir des vêtements plus larges.

Je suis resté en relation avec ce malade, qui est retourné chez lui trois mois après sa guérison. La guérison s'est toujours maintenue.

— M. Segond, dans son travail : *Des abcès chauds de la prostate et du phlegmon périprostatique*, dit, page 150 : « Le traitement des fistules urètro-rectales et urètro-périnéales consécutives aux suppurations prostatiques, est, on le voit, fort incertain dans ses résultats. Pour

quelques succès, il compte bien des revers. » C'est
là une assertion très juste. Aussi je dois rechercher
pourquoi j'ai obtenu ici une guérison.

Dans ce fait tous les phénomènes phlegmoneux se
sont localisés du côté de la face rectale de la prostate.
La suppuration, au lieu de se faire jour par l'urètre,
a produit le vaste décollement de la face antérieure du
rectum, et ce n'est que consécutivement que l'ouverture de l'urètre à travers la prostate s'est produite.

Du côté de l'urètre rien ne dénote une altération
des tissus. Pas d'écoulement muco-purulent notable,
soit continu, soit dans le premier jet d'urine rendu.
Aussi, pas d'excitation vésicale, envies fréquentes
d'uriner, douleur en urinant, que provoque l'existence
des excavations prostatiques urètrales.

L'urètre est libre, la vessie se laisse bien distendre.
De là les conditions si favorables pour le cathétérisme,
à chaque miction, lequel a toujours été bien supporté
sans le moindre accident.

Ainsi la première indication du traitement : faire
que l'urine ne pénètre plus dans le trajet fistuleux,
a été heureusement remplie.

Le sujet étant jeune, sa prostate n'offrant aucune
altération organique, ni l'induration générale de son
tissu propre aux gens plus âgés, les parois des trajets
fistuleux ont pu se rapprocher, et à mesure que
l'énorme perte de tissu cellulo-graisseux s'est renou-
velée, que le vaste vide s'est comblé, les conditions
de guérison se sont complétées. »

CHAPITRE VI

Vésicules et voies séminales.

I

Physiologie normale. — Cette étude se confond avec celle de la physiologie normale de la prostate. — Physiologie pathologique.

Nous avons dit en étudiant la physiologie normale de la prostate (tome 1, page 37), que les données applicables à la prostate le sont également aux vésicules séminales ; car ces dernières ont sur l'urètre à l'état pathologique et sur la fonction urinaire des effets analogues, sinon identiques, à ceux déterminés par les accidents pathologiques des autres organes similaires comme situation et comme fonction (1).

En effet, la vésicule est également une glande à

(1) P. DE GRANDCOURT, *Des fausses cystites*, thèse de doctorat, Paris, 1895. L'excitation réflexe de la vessie, réglée par la loi générale souvent formulée, simule parfois la cystite vraie. Avec M. de Grandcourt, nous avons proposé de réunir toutes les excitations vésico-urétrales réflexes avec pyurie, sous le nom de *fausses cystites*.

rapprocher par beaucoup de ses caractères d'une glande prostatique (voir anatomie). De plus, elle est chez l'homme au moins un réservoir pour le sperme et toujours, après une continence de plusieurs semaines, la pression du doigt par le rectum sur la vésicule fait sortir au méat un liquide riche en spermatozoïdes.

Les conditions matérielles qui font que l'urine ne pénètre jamais à l'état normal dans leur cavité ont déjà été signalées ; nous les rappelons brièvement ici. Ce sont :

L'oblitération passive et permanente du conduit éjaculateur par l'élasticité des tissus qu'il traverse (centre fibreux de la prostate).

La disposition de son orifice urètral.

L'augmentation active de ces forces de fermeture par la distension de l'urètre au passage de l'urine ou par la contraction des fibres musculaires péri-urètrales (occlusion active).

L'appareil expulseur intrinsèque est représenté par les muscles propres de la paroi de la vésicule, plus nets et plus faciles à discerner que ceux des glandes prostatiques, mais non pas plus puissants ; car à eux seuls ils ne suffisent point à provoquer l'éjaculation complète sur le vivant. Il faut la synergie des expulseurs extrinsèques pour que l'effet se produise dans son intégrité. Comme ces muscles expulseurs extrinsèques sont les mêmes, que les conditions du réflexe qui produira l'éjaculation sont également identiques, il en résulte que la vésicule se contracte en même temps que la prostate dans le même acte et que toujours dans les troubles fonctionnels, il sera très délicat de faire la part exacte de ce qui revient à l'une ou l'autre de ces glandes.

La cavité de la vésicule, virtuelle dans les conditions physiologiques, se révèle quand les sécrétions s'y accumulent et la distension peut s'y produire tout comme dans les culs-de-sac prostatiques, sous l'influence des mêmes causes, érections prolongées, par exemple, ou irritation locale.

Les états pathologiques de la vésicule coïncident donc — comme on peut le prévoir et comme les faits que nous rapportons le démontrent — avec des phénomènes de même ordre du côté de la prostate. Quand il y a spasme urétral et stagnation des produits de sécrétion dans les culs-de-sac prostatiques, il y a souvent stagnation ou rétention dans la vésicule et l'évacuation ou les efforts d'évacuation aboutissent à ce que l'un de nous a nommé la *colique spermatique*.

Il est donc de toute évidence que la colique spermatique, sans les signes propres et précis que nous lui décrivons, pourrait être rapportée parfois à la prostate seule.

La stagnation ou la rétention des produits sécrétés dans la vésicule aboutit, ici comme ailleurs, à l'altération de ces produits qui contiennent du sang, des sympexions, et lorsqu'il y a infection, du pus en plus ou moins grande abondance. L'appareil musculaire intrinsèque subit le contre-coup des altérations lentes et progressives de la muqueuse ; sa puissance diminue et finit par s'annihiler. La vésicule qui, normalement, ne peut être appréciée par le toucher rectal, donne au doigt des sensations caractéristiques, que sa position élevée dans le rectum ne permet point toujours de reconnaître au premier ou aux premiers examens.

Les phénomènes congestifs allant jusqu'à l'hémorragie abondante ne méritent point une description spéciale puisque, à propos de la prostate, ils ont été longuement décrits.

Mais dans certains cas, il s'agit d'une irritation localisée ou tout au moins absolument prédominante du côté de la vésicule. La prostate paraît ou est saine. Ce sont là les meilleurs exemples à considérer au début. Alors se produit dans toute sa netteté le phénomène de la colique spermatique qui se retrouve atténué ou modifié dans des états plus complexes des voies génito-urinaires. Nous l'étudierons tout d'abord dans sa simplicité.

La stagnation et la rétention des produits sécrétés est aussi la cause de certains gonflements du cordon et de certaines orchites dont nous avons parlé. Il y a là un foyer tout disposé aux infections locales et qui, en retour, peut être le point de départ d'une infection générale grave ou bénigne. C'est ce que nous avons désigné par le terme de *foyer infectieux prostato-génital*.

L'évacuation des produits en rétention ne se fait point d'ordinaire spontanément comme pour la prostate et dans certains cas d'une façon lente sous forme d'écoulement plus ou moins continu. L'évacuation est brusque par l'éjaculation ou la pression du doigt sur la vésicule. Quelquefois il y a, au moment des efforts de défécation et du passage des matières, expulsion d'une petite masse de mucosités où se reconnaissent de nombreux permatozoïdes. Il découle de ceci que le traitement général des stagnations et rétentions glandulaires qui suffit pour la prostate doit être complété ici par l'usage réglementé des fonctions génitales, à un moment et dans des conditions qui seront précisées.

Les conséquences des altérations de la vésicule sont l'excitation vésicale (tome I, page 81) avec contracture de la région profonde de l'urètre, et suivant les circonstances, cet état des voies urinaires proprement dites se produit d'une façon aiguë (vésiculite aiguë) ou lentement, insidieusement, jusqu'au moment où une poussée aiguë ou le degré avancé des lésions chroniques révèle la gravité du cas et impose un examen médical.

De même que la vésicule peut être seule en jeu, la prostate peut être seule malade, sans que la vésicule participe à ses lésions. De ces faits, il a été rapporté plusieurs exemples très caractéristiques. Il n'en reste pas moins certain pour nous que quand les glandes prostatiques ont été longtemps le siège de dilatations glandulaires avec ou sans infection, il est de règle que la vésicule soit intéressée parallèlement pour ainsi dire et ses modifications pathologiques doivent être pour le traitement prises en sérieuse considération.

II

Colique spermatique. — Sa définition ; ses trois degrés. — Causes. Symptômes physiques et fonctionnels. — Traitement.

On donne le nom de *colique spermatique* à un ensemble d'accidents douloureux provoqués par la réplétion anormale des vésicules séminales, qu'il y ait ou non oblitération des canaux éjaculateurs. Il faut lui reconnaître trois degrés bien distincts, degrés qui, en clinique, sont souvent reliés par des intermédiaires.

C'est ainsi que la simple distension des vésicules séminales par des liquides normaux, sécrétés en trop grande abondance ou anormalement retenus dans la cavité de la vésicule, provoque un ensemble de troubles où prédominent les troubles de la miction. Il paraît surprenant au premier abord que le phénomène de la miction soit tout particulièrement modifié. Mais quand on songe à l'influence constante des états pathologiques des voies séminales sur les voies urinaires, quand, par l'étude des faits, on précise cette influence, on comprend alors ce premier degré de la colique spermatique. Dans ces conditions, les troubles urinaires, les douleurs, tout disparaît par l'évacuation normale des liquides qui distendent la vésicule séminale. Souvent, à la première éjaculation, il y a de la douleur, le sperme est teinté de sang ; mais des fonctions génésiques régulières, en rapport avec les besoins des sujets, maintiennent la guérison.

A un second degré, il y a hypersécrétion pathologique des vésicules séminales (et habituellement des glandes prostatiques avec écoulement urétral). Tous les symptômes, envies fréquentes d'uriner, douleurs, etc., et même l'écoulement, cessent après le coït complet ; mais ils reparaissent au bout de quelques jours. « Ici, il est nécessaire d'agir directement sur la cause de ces hypersécrétions, qui est presque toujours une inflammation chronique des éléments glandulaires et de la muqueuse des vésicules séminales. » (Reliquet.)

Enfin, il y a oblitération d'un des canaux éjaculateurs. Alors l'ensemble des symptômes douloureux de la colique spermatique est complet et les moyens thérapeutiques ont tous pour but l'évacuation des corps qui oblitèrent le canal éjaculateur.

Comme cause, nous incriminerons la réplétion des vésicules par le fait d'une continence sévère coïncidant avec des excitations génésiques, fait assez fréquent chez les jeunes gens à la veille du mariage, pouvant devenir la cause d'accidents hypocondriaques. Nous incriminerons également tous les états spasmodiques de l'urètre déterminés par des dispositions vicieuses du canal (méat, etc.), ou des habitudes spéciales (coït incomplet), enfin et surtout l'augmentation de consistance des produits de sécrétion de la vésicule séminale venant oblitérer le canal éjaculateur.

Dans quelles conditions les produits sécrétés prennent-ils une consistance assez grande pour ne plus pouvoir franchir le canal éjaculateur? La première et la meilleure est certainement la stagnation de ces sécrétions dans la vésicule séminale, quel que soit l'âge du sujet du moment qu'il est dans la période génésique active. Il faut peut-être admettre que, par le fait de la stagnation, les parois de la vésicule ont été le siège de phénomènes inflammatoires peu intenses. Lorsque les phénomènes de spermatocystite chronique sont évidents, il devient naturel de rapporter à cette origine les modifications subies par les sécrétions. Mais alors ici, aux douleurs de la colique spermatique, il faut aussi reconnaître pour cause la sensibilité des parois de la vésicule enflammée.

Les concrétions (sympexions) sont surtout fréquentes à un âge avancé (Ch. Robin-Guelliot) ; mais elles ne sont point spéciales à la vieillesse, et la plus curieuse observation de sympexions de la vésicule séminale chez un jeune sujet, que nous ayons rencontrée, est la suivante due à MM. Reliquet et Cadiat (1) :

OBSERVATION XXXIV. — M. Cadiat et moi, venons soumettre à l'examen de l'Académie une vésicule séminale d'homme sain contenant des sympexions très gros.

Cette pièce a été prise à onze heures du matin sur le cadavre d'un supplicié, âgé de vingt-cinq ans, exécuté six heures avant.

Au premier examen, les vésicules séminales distendues, dures, se tenaient raides comme dans une sorte d'état d'érection.

Leur surface était injectée au point d'offrir une teinte violacée ; la prostate n'offrait rien d'anormal et l'urètre ne contenait pas de sperme, ce qui est pourtant ordinaire chez les suppliciés.

Deux jours après, nous reprenons la dissection de la pièce que nous avions mise dans un liquide n'altérant pas les tissus (liquide de Müller).

La vésicule séminale droite, à une pression légère entre les doigts, se vide facilement entre le conduit éjaculateur ; le liquide qui en sort a tous les caractères microscopiques du sperme. En même temps que lui, s'échappe une masse sphérique, à peine grosse comme un petit grain de millet, transparente, jaunâtre et de consistance molle. La vésicule qui renfermait ces produits est absolument saine et ne renferme que du sperme normal.

La vésicule séminale gauche est très dure ; en la comprimant légèrement entre les doigts, il ne sort que très peu de liquide par le canal éjaculateur, à peine une goutte. Elle est littéralement remplie par des sympexions denses. L'un d'eux, du volume d'un pois, se trouve dans le cul-de-sac ; un autre est au milieu de la cavité, et enfin, du côté du canal éjaculateur, on voit une masse volumineuse qui fait bouchon et oblitère ce conduit dans le premier tiers de son parcours.

(1) RELIQUET et CADIAT, *Bull. Acad. de médecine*, 1878, tome VII, p. 38.

Il faut noter encore qu'il n'y avait aucun dépôt de ce genre dans la partie vacuolée du canal déférent de ce côté gauche.

L'examen microscopique de ces sympexions nous a montré qu'ils étaient bien de même nature que ceux qui ont été décrits par le professeur Robin dans son *Traité des humeurs*, p. 443.

Celui qui s'est échappé de la vésicule séminale droite par le conduit éjaculateur est formé d'une substance homogène, s'écrasant entre deux plaques de verre, un peu plus réfringente dans l'eau, soluble dans l'acide acétique, et couvert de cellules épithéliales et de spermatozoïdes adhérant à sa surface.

Les sympexions volumineux de la vésicule séminale gauche sont irréguliers, formés de travées ou trabécules anastomosées entre elles, de façon à limiter des aréoles remplies par des cellules épithéliales irrégulièrement entassées. La substance des travées est de même nature que celle de la petite masse sphérique de la vésicule droite. Elle renferme quelques éléments englobés, des granules graisseux, des grains d'hématosine.

Tels sont les caractères habituels de ces productions. Ici seulement, l'action des acides est moins énergique en raison du séjour de la pièce pendant quarante-huit heures dans du bichromate de potasse.

Il faut noter encore que l'acide chlorhydrique ne donne d'effervescence en aucun point des préparations, ce qui prouve qu'il n'y a pas de dépôt de carbonate de chaux. Ces formations calcaires existent en effet dans certains cas et très probablement dans ceux où le sympexion est plus ancien. Ce caractère permet donc de penser que le produit spermatique que nous examinons actuellement doit être de formation récente.

Au point de vue pathologique, la consistance de ces sympexions et leur volume considérable explique très bien comment ils peuvent oblitérer le canal éjaculateur. Poussé par la contraction expultrice de la vésicule séminale, ils pénètrent comprimés dans le canal éjaculateur qu'ils distendent. De là l'oblitération permanente de ce conduit et les symptômes douloureux de colique spermatique qui persistent jusqu'à l'évacuation spontanée ou provoquée des sympexions.

Au point de vue symptomatique, nous étudierons successivement et séparément les trois degrés de la colique spermatique en commençant par les cas les plus atténués.

Un homme encore jeune et bien portant se présente accusant des troubles de miction peu caractéristiques. Il se plaint d'uriner souvent ; la miction est à la fois impérieuse et douloureuse à la fin. Les urines sont normales ou contiennent un nuage muqueux et parfois du sang. Interrogé, il dit n'avoir pas eu de rapport sexuel depuis longtemps ; il a cependant remarqué qu'après une pollution involontaire, il va mieux ; mais cette amélioration ne l'a point rassuré, car, dans les produits éjaculés, il a noté la présence de stries sanglantes. Si cet état s'est prolongé pendant un certain temps, il est rare de ne point observer des symptômes de neurasthénie. On pratique alors le toucher rectal ; les vésicules séminales sont facilement perçues et, délimitées avec le doigt, non douloureuses au toucher et en les comprimant légèrement, on fait sortir par l'urètre un liquide contenant de nombreux spermatozoïdes. Il n'y a aucun doute possible ; les phénomènes vésicaux sont sous la dépendance de la colique spermatique atténuée, et une fois la vésicule revenue sur elle-même, la vessie qui était contracturée reprendra sa dilatabilité normale, les mictions s'espaceront, les douleurs disparaîtront en même temps que l'urine reprendra ses caractères habituels.

Ailleurs la question se complique. Il s'agit toujours d'un homme n'ayant pas dépassé la période génitale active. Bien portant jusqu'au moment où il contracte une blennorrhagie qui gagne l'urètre profond ; cette blennorrhagie, soignée par différents procédés, s'éternise. Les cordons et les testicules sont sensibles, les envies d'uriner fréquentes, les mictions douloureuses. Brusquement, un jour, il y a douleur à la fin du coït et l'éjaculation n'a pas lieu. A la suite de cet accident, les troubles urinaires s'aggravent, les érections même deviennent douloureuses et la douleur, qui va de l'anus à l'extrémité de la verge, persiste encore après que l'érection a cessé. Dans ces conditions, la marche, la station assise, en particulier sur un siège mou qui comprime le périnée, deviennent rapidement impossibles.

On examine, on trouve les vésicules séminales distendues et sensibles et de suite on recherche les causes qui favorisent la stagnation des liquides dans leur cavité. La première indication thérapeutique est de faire disparaître cette cause si la chose est possible. C'est dans ces circonstances, dans ces faits où il y a spasme de l'urètre et spermatocystite qu'on voit survenir des complications qui non seulement inquiètent le malade et son entourage, mais encore sont de nature à faire errer le diagnostic et par conséquent à faire suivre une méthode de traitement inefficace dans le cas donné. Il y a, par exemple, un méat trop étroit et le malade est sous le coup d'hématuries notables avec caillots dans la vessie. Le sang comme les mucosités qui chargent l'urine vient de l'urètre profond. Pourquoi alors reflue-t-il dans la vessie puisqu'il vient de l'urètre et n'est-il expulsé qu'au moment de la miction? Pourquoi y a-t-il hématurie et non urètrorrhagie?

Le reflux dans la vessie des liquides épanchés dans l'urètre profond est un fait fréquent utilisé par Mercier dans le modus faciendi de son injection profonde.

Et quand il y a en outre contracture constante de la région membraneuse, toutes les conditions favorables à ce reflux se trouvent constituées.

Le troisième degré de la colique spermatique consiste, nous l'avons dit, dans l'oblitération d'un ou des deux canaux éjaculateurs. Après une continence plus ou moins longue provoquée par tel ou tel ordre de causes, qu'il y ait eu ou non des inflammations antérieures de l'urètre, une hypersécrétion des vésicules séminales se traduisant par l'émission au moment des efforts de défécation de liquide muqueux ou muco-purulent, le malade ressent brusquement une vive douleur au moment de l'éjaculation. Cette douleur s'atténue, mais persiste, et elle est réveillée par le toucher rectal, le passage des matières fécales, les efforts pour résister à l'envie d'uriner. Car bientôt les envies d'uriner fréquentes, impérieuses se rapprochent de plus en plus ; la douleur lancinante, qui, à la fin de la miction va de l'anus à l'extrémité de la verge, se continue pendant plusieurs minutes après que l'écoulement de l'urine a cessé. L'érection devient impossible sans rappeler les souffrances, et même en dehors des mictions, la sensibilité de l'extrémité de la verge est excessive. Les urines sont troubles, sanglantes, parfois avec caillots, surtout après la marche ou la promenade en voiture. Au total, ce sont toujours les mêmes signes, signes d'excitation vésicale et d'état spasmodique de l'organe, plus ou moins intense suivant les cas (1).

(1) A. Guépin. *Des excitations vésico-urétrales réflexes simulant la cystite.* Journal des *Connaissances médicales*, 18 juillet 1895 et Société de Médecine de Paris, 20 juillet 1895.

Une bougie même souple et molle met en jeu la vive sensibilité de la partie profonde de l'urètre; le toucher rectal permet de sentir la vésicule distendue, comme dans les deux cas précédents. Mais ce qui sert à faire le diagnostic d'oblitération du canal éjaculateur, après les signes fonctionnels et les commémoratifs, après le toucher rectal et en dehors de la constatation directe du corps étranger oblitérant expulsé, c'est l'aspermatisme. Ce phénomène ne prouve pas que les deux canaux éjaculateurs soient obstrués : « Il est très probable que c'est la douleur produite par le début des contractions expultrices de l'éjaculation qui empêche la sortie du sperme par le canal libre, en arrêtant court les contractions. Cependant on pourrait admettre la compression du canal éjaculateur libre par la saillie voisine de l'autre canal rempli des masses qui le distendent. Même chez le supplicié (observation citée plus haut), nous voyons l'éjaculation ne pas avoir lieu. Nous trouvons le canal éjaculateur gauche oblitéré seulement dans son tiers postérieur et le canal de droite est absolument libre et non comprimé. Il semble que, même dans ces singulières conditions, la douleur locale instantanée produite par l'entrée des sympexions volumineux dans un des canaux éjaculateurs, a eu pour résultats d'arrêter net les contractions expulsives de l'éjaculation (1) ».

Sans aller plus loin dans cette voie et rechercher des analogies avec ce qui se produit lorsqu'un autre canal excréteur de l'organisme est ainsi brusquement distendu

---

(1) RELIQUET, *Coliques spermatiques*, p. 12.

par un corps étranger, nous dirons de suite combien l'état général est rapidement atteint, chez ces malades. Douleurs presque incessantes le jour et la nuit, constipation provoquée et entretenue par la difficulté des garde-robes, hématuries parfois abondantes (1), inquiétude des malades que des traitements longs, pénibles et parfois même douloureux, n'ont pas soulagés.

La nature du corps oblitérant n'a pas, — toujours en nous plaçant sur le terrain de la symptomatologie, — une réelle importance. Les symptômes révélateurs sont les mêmes : troubles urinaires, troubles génitaux, douleur au passage de la sonde, contracture de la vessie, tout est identique. Le toucher rectal dénote toujours la masse de la vésicule distendue par les sécrétions anormales ou les sympexions, sa continuité en avant avec la corne prostatique du même côté et surtout avec une saillie perçue à la partie moyenne de la prostate.

Traitement. — Dans les cas peu intenses de coliques spermatiques (premier degré), le rétablissement régulier des fonctions génitales suffit à amener la guérison. Ainsi point n'est besoin en pareil cas d'intervenir directement sur les voies urinaires. Cette dernière considération est, à nos yeux, trop importante pour que nous la passions sous silence.

Si, au contraire, les accidents sont d'une plus grande acuité (deuxième degré), il convient tout d'abord d'examiner avec soin le sujet, de rechercher s'il n'a

---

(1) Ces hématuries sont facilitées par la congestion locale qui accompagne toujours les états spasmodiques de l'urètre et de la vessie. (Voir tome 1er, *Physiologie pathologique*).

pas un méat trop étroit, un prépuce trop serré, etc.,
en un mot, une cause de spasme urètral, pour la supprimer tout d'abord. Ceci fait, on combattra par les
moyens appropriés la constipation et en particulier par
l'usage des lavements, tièdes ou chauds, contenant des
substances laxatives (glycérine, miel). Ce lavement
évacuant sera suivi d'un autre lavement peu abondant
(125 grammes) destiné à être gardé et servant lui-même
de véhicule à des médicaments tels que la jusquiame
et l'opium à doses convenables, suivant les circonstances.
Encore ici, on ne fera rien du côté des voies urinaires
à proprement parler, ou du moins, on n'agira de ce
côté que lorsque les autres moyens thérapeutiques
seront restés sans effet. Il importe toutefois de mettre
le malade au régime lacté pour rendre les urines à la
fois abondantes et peu irritantes.

Quand le malade a été mis dans les conditions de
calme les meilleures, quand les causes de spasme
urètral, s'il y en a, ont été supprimées, quand les
urines ont été heureusement modifiées par le régime
lacté, on peut alors permettre et il faut même encourager les rapprochements sexuels, sans excès irraison-
nable. La guérison survient alors, non point sans qu'il
soit nécessaire de combattre l'hypersécrétion urètrale
qui peut persister encore.

Il est un moyen indirect qui parait aider à la contraction des vésicules séminales et faciliter l'expulsion des
produits sécrétés en rétention dans leur cavité. Il
consiste (1) dans l'injection profonde faite avec une

_____

(1) RELIQUET, *Traité des opérations des voies urinaires*, p. 224 (t. Ier).

solution étendue de nitrate d'argent, un pour cent à un pour deux cents. Aussitôt que l'injection est faite, quelquefois à la suite de la sonde qui a servi à la faire, mais toujours avec l'eau que le malade urine immédiatement, on voit sortir de petits bourbillons muqueux, et de suite le malade éprouve un mieux notable de la miction.

La colique spermatique au troisième degré doit également être traitée : 1° Par la suppression de toutes les causes de spasme urétral ; 2° Par les moyens calmants déjà indiqués ; les lavements de chloral ont été particulièrement efficaces dans certains cas ; on peut d'ailleurs les remplacer par des suppositoires ; 3° Par une intervention directe sur l'urètre.

On tentera de faire sortir du canal éjaculateur le corps étranger oblitérant. Pour cela on passe dans l'urètre une sonde en gomme assez volumineuse. Sur cette sonde, le doigt étant introduit dans le rectum, on comprime le point induré qui, dans la prostate, représente le canal éjaculateur distendu. S'il cède sous une pression modérée, la sonde reviendra couverte de filaments muqueux et, avant de retirer cette dernière, on mettra dans la vessie une certaine quantité d'eau boriquée tiède.

Nous avons déjà rapporté ailleurs un certain nombre de cas de colique spermatique (1), parmi les plus

(1) RELIQUET, *Oblitération du canal éjaculateur gauche par des symptexions de la vésicule séminale.* — Communication à l'Académie de Médecine, et *Gazette des Hôpitaux,* 1874.

RELIQUET, *Coliques spermatiques.* — *Gazette des Hôpitaux,* 1879.

RELIQUET, *Hématuries et coliques spermatiques dues à un méat étroit placé haut sur le gland.* — *Gazette des Hôpitaux,* 24, 27, 29 mars 1883.

A. GUÉPIN, *De la colique spermatique,* Paris, 1894.

typiques que nous connaissons ; mais il en est d'autres nombreux.

Observation XXXV. — *Ataxie locomotrice.* — *Colique spermatique.* — X..., quarante-huit ans, a eu à l'âge de vingt ans une blennorrhagie de longue durée pour laquelle il subit tous les traitements habituels. Je le vois le *19 mars 1880.*

Le méat a été débridé il y a douze ans — raconte le malade — parce que, fort étroit, il empêchait le passage des instruments dilatateurs. On pensait, en effet, alors à un rétrécissement de l'urètre. La fréquence des mictions, les efforts nécessaires pour provoquer la sortie de l'urine étaient surtout accusés le matin au réveil. La dilatation ne donna aucun résultat notable. On y revint d'ailleurs à plusieurs reprises ; mais des accidents fébriles forcèrent à laisser de côté ce mode de traitement.

A partir de cette époque, M. X... se plaignit d'érections presque continuelles la nuit, fréquentes dans la journée, érections pénibles et toujours accompagnées d'une douleur au périnée. Pendant l'érection, il s'échappe de l'urètre un liquide clair que le malade dit être de l'urine.

Il y a quatre ans environ, en coïtant et au moment de l'éjaculation, il ressentit une douleur violente et par la suite, le coït fut parfois indolent, parfois au contraire réellement douloureux.

Pendant une année, le coït eut lieu régulièrement tous les huit jours ; la douleur ne se produisit plus au moment de l'éjaculation, lorsque il y a six mois deux rêves lascifs furent suivis d'éjaculation avec douleur atroce dans l'anus. Le malade précise ses sensations : la douleur est brusque — comme un coup de couteau ; — elle est rapportée à l'urètre et à la colonne vertébrale dans le coït, tandis que dans le cas d'éjaculation spontanée elle a son maximum dans l'anus et persiste longtemps en s'atténuant. Le bromure de potassium a calmé pour un temps les érections et atténué les douleurs.

Actuellement : habitudes de coït incomplet ; pas de douleurs au moment de l'éjaculation, ni de retard dans l'émission du sperme ; après le coït, impossibilité d'uriner pendant deux heures et la nuit suivante les érections sont néanmoins presque continuelles. Les mictions, régulièrement espacées, ont lieu deux ou trois fois la nuit. Les urines sont parfois normales d'aspect et d'odeur, tantôt troubles, blanches ou jaunes, et fétides.

Au toucher rectal : prostate grosse et molle ; corne droite dure et très sensible. La vésicule droite se perçoit très bien et est également sensible au toucher. Après l'examen, il s'écoule par l'urètre un liquide louche abondant qui au microscope contient des leucocytes, quelques spermatozoïdes mobiles, beaucoup de spermatozoïdes immobiles, des sympexions et des granulations.

Le malade présente en outre les signes classiques de l'ataxie, maladie pour laquelle il se soigne depuis des années. Il y a un notable degré d'incoordination motrice ; toutefois la marche est encore possible.

14 avril 1880. Douleur au moment de l'éjaculation dans un coït incomplet ; pas de douleur dans un coït complet. Toujours efforts pour uriner ; le jet d'urine est variable. Les douleurs au périnée ont disparu par le traitement (lavements, belladone en pilules à l'intérieur, rhum créosoté). Le sommeil est moins fréquemment troublé par les érections, mais le malade urine parfois sans s'en apercevoir.

Je conseille le même traitement et le coït complet. Les douleurs fulgurantes des membres inférieurs reparaissent par crises à différentes reprises.

Dans ce fait le symptôme dominant était la douleur au moment de l'éjaculation, bien que celle-ci fût possible ; mais doit-on rapporter cette douleur à la contraction des muscles expulseurs intrinsèques de la vésicule sur une muqueuse légèrement enflammée d'une façon chronique (spermatocystite chronique) ou au passage à travers le conduit éjaculateur des sympexions nombreux et assez gros que le microscope décelait dans le sperme éjaculé ? Quelle que soit l'interprétation admise, les signes physiques et fonctionnels de la colique spermatique étaient manifestes et un traitement rationnel a provoqué une notable amélioration. Nous n'avons point sondé ce malade convaincus qu'il ne tirerait de cette exploration aucun avantage, en raison même de ce dont il souffrait et surtout parce qu'il était ataxique (1).

OBSERVATION. — *Colique spermatique au premier degré. Amélioration par la régularité des fonctions génitales.* — X..., quarante-huit ans, habitudes régulières de coït. Depuis un an continence absolue. Érections fréquentes et prolongées ; mictions difficiles et rapprochées ; spermatozoïdes dans les urines (analyse d'Yvon du 28 décembre 1884).

En février 1885, je revois le malade. Il a repris la régularité habituelle du coït ; tous les accidents ont disparu. Ceux-ci reparaissent dès que l'intervalle entre les rapprochements sexuels présente une durée anormale.

Février 1886. Miction toutes les trois heures environ ; sensation de plénitude dans le bassin ; maux de tête. Au toucher rectal : prostate molle, sensible à la corne gauche qui se continue avec la vésicule du même côté. Traitement : suppositoires à la jusquiame, lavements, coït régulier et normal.

OBSERVATION. — *Colique spermatique. Dilatation considérable de la vésicule séminale gauche.* — X..., célibataire, quarante-cinq ans, se plaint d'envies fréquentes d'uriner depuis le 1er décembre 1884. Les mictions sont de plus en plus douloureuses surtout à la fin. Tous ces accidents ont débuté à la suite d'une masturbation où l'éjaculation fut suivie d'une douleur très intense. Il a usé de tous les moyens médicaux pour calmer les douleurs et la fréquence des mictions.

Depuis cette époque, il y a deux rapprochements sexuels : douleur vive au moment de l'éjaculation ; il ne s'écoule qu'une très petite quantité de sperme.

Les urines sont troubles ; elles contiennent d'abondantes mucosités à la fin de la miction et du sang après un voyage en voiture. Après l'écoulement de l'urine la douleur persiste pendant quelques minutes.

Examen : Vessie se dilatant à 100 grammes. Avec le brise-pierres explorateur : rien à droite, saillie à gauche ne permettant

____

(1) *Faux rétrécissements de l'urètre*, p. 37, 46 et suivantes.

pas de tourner à gauche le bec de l'instrument. Même résultat avec la sonde exploratrice de Thompson. Au toucher rectal : saillie sur le côté gauche de la vessie peu douloureuse à la pression. Phimosis peu serré. Traitement habituel.

Quelques jours après, le toucher rectal est pratiqué de nouveau. On sent encore mieux la vésicule gauche très volumineuse et sensible dans le point où elle se continue avec la prostate. On perçoit la situation de la vésicule droite, mais les tissus sont souples et nullement sensibles à la pression. Les troubles vésicaux sont les mêmes.

OBSERVATION. — *Colique spermatique. Dilatation de la vésicule séminale droite. Tuberculose locale ?* — X..., cinquante ans, vient me consulter en juillet 1885. Il est très pâle, sans être amaigri ; l'auscultation ne dénote rien d'anormal. Le malade a commencé à souffrir en novembre 1883. Tout d'abord et assez brusquement les mictions sont devenues impérieuses, fréquentes et ont été suivies de l'émission d'une certaine quantité de sang pur. Les douleurs et la fréquence des envies d'uriner sont devenues excessives, avec exacerbations sans cause notable. Pendant quelque temps, les urines contenaient des mucosités striées de sang.

A partir de janvier 1885, pus en nature, surtout abondant quand le malade urine debout. Envies d'uriner particulièrement fréquentes la nuit. A cette époque, on fit en Belgique des injections au nitrate d'argent qui n'eurent aucun résultat.

Actuellement : urines abondantes et blanches ; pus très abondant à la première miction du matin. L'état général est tel qu'avant d'explorer le malade, je le soumets pendant cinq semaines au régime lacté. Au toucher rectal : vésicule séminale droite volumineuse et sensible. Le liquide évacué le matin contient de nombreux leucocytes et des spermatozoïdes.

Le 25 août. Examen sous le chloroforme. La vessie se dilate à 40 grammes. Le brise-pierres ne donne aucune sensation spéciale. En pratiquant le toucher rectal, l'explorateur étant dans la vessie, on ne trouve rien à gauche, mais à droite au-dessus de la prostate peu grosse il y a une tuméfaction bosselée. Par la palpation bimanuelle, on sent également la vésicule séminale distendue. Après la compression, il sort par le méat des mucosités qui contiennent de nombreux spermatozoïdes. Les spermatozoïdes sont immobiles ; il y a également des leucocytes.

Le 16 septembre, le malade quitte Paris, notablement amélioré ; les urines sont plus claires, quoique contenant toujours du pus. Le voyage se fait sans trop de fatigue ; mais les mictions sont toujours fréquentes la nuit.

Si la prostate et les vésicules séminales peuvent être intéressées isolément, et isolément être le siège de stagnation ou même de rétention des produits secrétés, si la prostate est le plus souvent seule malade, cliniquement parlant tout au moins, il est de règle, au contraire, et nous l'avons dit, que quand les vésicules sont prises, la prostate le soit à un certain degré. Ceci se rencontre surtout lorsque la maladie a duré longtemps. Aux signes énumérés de la prostatite chronique, s'ajoutent les signes physiques et fonctionnels (volume de la vésicule, douleur au toucher, fréquence des mictions, nature de l'écoulement, etc.,) de la stagnation dans la vésicule avec modifications des produits de sécrétion, et les douleurs plus ou moins vives au moment de l'éjaculation.

Nous disons douleurs plus ou moins vives ; car, en effet, les phénomènes douloureux aigus de la colique spermatique au moment de l'éjaculation, nous semblent devoir être rattachés au passage ou à l'engagement dans le conduit éjaculateur de sympexions ou de produits de sécrétion anormalement denses qui le distendent outre mesure. Dans l'observation suivante, où la rétention était manifeste, il n'y a pas eu de paroxysme douloureux pendant le cours du traitement ; mais il est possible que si le malade avait coïté, il se fût produit la première ou les premières fois, des douleurs plus ou moins intenses, avant que par le traitement on ait vidé lentement les vésicules des produits altérés qui y stagnaient. Il faut donc, avant d'encourager les rapprochements sexuels, s'être assuré de la liberté des conduits éjaculateurs et avoir provoqué, par la pression du doigt, l'expulsion du contenu des vésicules. Ceci est à rapprocher de ce que nous avons dit à propos de la prostate dans le tome premier de ce travail.

OBSERVATION XXXVI. (M. Reliquet). — En juin 1885, je vois M. X..., espagnol, âgé de vingt-huit ans, habitant le Mexique. Il accuse plusieurs blennorrhagies dont la dernière date de quatre ans. Depuis cette époque et malgré tous les traitements suivis, il y a toujours un notable écoulement urétral. Sur le linge cet écoulement forme une tache jaune, verte au milieu, occupant le centre d'une large plaque où le linge est empesé. Contre cet écoulement, tout a été tenté ; les injections les moins irritantes ont toujours exagéré la fréquence des mictions et de la douleur en urinant. Le passage des bougies, pour les mêmes raisons, n'a jamais pu être toléré.

Je touche par le rectum : constipation habituelle ; prostate petite mais congestionnée ; vésicules séminales faciles à délimiter, volumineuses, d'une consistance égale sans bosselures, légèrement douloureuses à la pression. Après cet examen, il ne se présente aucun liquide au méat.

Le méat étroit est débridé et le traitement ordinaire conseillé au malade.

L'écoulement persiste avec ses caractères. Il est surtout abondant après la marche. *Il ne contient pas de spermatozoïdes*, pas de bacilles de Koch, ni de gonocoques. Les urines sont normales ; pas de sperme dans le dépôt.

Quelques injections (trois) sont faites à deux jours d'intervalle. L'écoulement s'arrête pour un temps, puis reparaît. Le toucher rectal ne donne aucun résultat nouveau.

15 juillet 1885, la pression du doigt sur les vésicules fait sortir un liquide épais, jaune vert et filant. Il y en a au moins deux centimètres cubes. Au microscope : très nombreux spermatozoïdes immobiles, leucocytes, pas de sympexions.

16 juillet, à peine quelques taches sur le linge avant le lever. Après le toucher, il s'écoule encore une notable quantité de liquide blanc, à peine jaune, moins épais que celui d'hier. Ce liquide contient beaucoup de spermatozoïdes mobiles, quelques rares leucocytes et des sympexions très petits.

18 août, deux nouvelles injections profondes au nitrate d'argent depuis quinze jours. Les vésicules ont diminué de volume ; on ne les délimite plus. Je comprime à leur place et il sort un liquide épais et opaque ; il contient des spermatozoïdes mobiles, de rares leucocytes et des cristaux irréguliers.

17 septembre, plusieurs fois, il y a la nuit des éjaculations spontanées. Les taches en sont un peu purulentes ; le toucher rectal amène toujours du sperme au méat, de moins en moins purulent. L'écoulement qui persiste a notablement diminué, et il est absolument incolore. Après un coït normal et nullement douloureux, le toucher rectal ne fait rien sortir au méat.

18 octobre, le malade part. Il y a encore un peu d'écoulement incolore. Il doit continuer le traitement et en particulier la créosote.

Le 12 juin 1886, le malade est resté sensiblement dans le même état. Les vésicules sont perceptibles au toucher, surtout la gauche. La pression du doigt fait sortir un liquide clair, gélatineux, contenant des spermatozoïdes immobiles ; mais pas de leucocytes.

III

Coliques spermatiques dans la tuberculose chronique des voies séminales avec modifications profondes (masses caséeuses) des produits excrétés.

Tout ce qui obstrue le canal éjaculateur ou le dilate anormalement provoque au moment du spasme de l'éjaculation des douleurs parfois très vives et, dans l'intervalle de ces douleurs aiguës, entretient un état spasmodique de la vessie et de l'urètre. Ici il y a des altérations de même nature dans la prostate et il faut tenir compte de ces lésions dans la pathogénie des accidents de la colique spermatique.

OBSERVATION XXXVII. *Tuberculose de la prostate et des vésicules séminales. Colique spermatique.* — X..., trente-trois ans, jardinier, maigre, pâle, a eu plusieurs blennorrhagies dans sa jeunesse ; la dernière date de dix ans, et a été complètement guérie après quatre à cinq mois de traitement. Le malade est marié et n'a pas eu d'enfants. Il est resté huit ans sans rien ressentir d'anormal ; mais il y a dix-huit mois, spontanément se produisit un écoulement urétral constitué par une matière filante, épaisse, contenant des filets ou des grumeaux blancs opaques. Sur le linge se forment des taches analogues à celles produites par le sperme (dit le malade).

Depuis trois mois, après la marche ou une fatigue quelconque, les envies d'uriner sont fréquentes, impérieuses, douloureuses avant, pendant et surtout après la miction. Le liquide de l'écoulement est plus jaune ; il sort surtout en grande abondance pendant les efforts de défécation. Les envies d'uriner sont de plus en plus fréquentes, exagérées par la marche, mais non par les secousses de la voiture. En dehors de la miction, il y a souvent des élancements dans la verge et dans l'anus.

En même temps que l'écoulement et la fréquence des mictions apparut la douleur au moment ou immédiatement après l'émission du sperme. Celui-ci contient des stries jaunes de matière épaisse, très reconnaissables sur les taches. A l'examen, pas de rétrécissement ; méat placé haut sur le gland. La bougie révèle au passage la sensibilité de la région prostatique et du col vésical.

Toucher rectal : prostate globuleuse, d'un volume moyen ; induration des deux bords postérieurs se continuant vers les vésicules séminales. Ces points indurés sont très sensibles au toucher. Il ne sort après le toucher qu'un peu de liquide opalin.

26 octobre 1883. Le malade a pris de la créosote et a été soumis au traitement et au régime ordinaires. Il a engraissé de 6 kilogr. 500 gr. Les mictions sont moins fréquentes, nullement douloureuses. Il y a encore un peu de douleur pendant l'éjaculation. La prostate est symétrique, sans nodosités. Il sort après le toucher rectal un peu de liquide opalin.

24 mars 1884. Toujours douleur à la fin du coït. La prostate reste dans le même état. On continue le même traitement.

Le degré peu avancé des lésions tuberculeuses a permis une amélioration notable dans l'état local et

général du malade, sans toutefois aller jusqu'à la guérison complète. Après l'évacuation des matières épaisses
d'un blanc opaque, ou jaunes, il y a eu sédation notable
dans les douleurs au moment du coït, dans la fréquence
des mictions et la sensibilité vésicale. Mais, dans certaines circonstances, alors que l'état général se relève,
les altérations locales peuvent rester dans l'état et pro-
gresser même avec lenteur. Chez un malade que nous
avons soigné pendant plus de cinq ans pour des lésions
tuberculeuses de la prostate et des vésicules, la vie en
plein air, la créosote, etc., provoquèrent le rétablissement de la santé. Mais pendant les trois dernières
années que nous le vîmes, il n'éjaculait plus en coïtant.
La douleur débutait au moment de l'effort d'expulsion
et devenait surtout intense quelques secondes après.

IV

Vésiculite aiguë. — Ses causes locales. — Aggravation sous l'influence
de certains états généraux infectieux (grippe).

Ainsi la colique spermatique reconnaîtrait pour cause
l'effort des muscles de la vésicule agissant sur des produits de sécrétion anormalement denses, pour les
engager dans le canal éjaculateur. La distension de ce
dernier serait le point de départ des accidents douloureux, bien plus que la compression d'une muqueuse
enflammée. Quelle que soit la cause de l'augmentation
de consistance des produits en rétention (sympexions,

pus caséeux), le résultat est le même, il y a douleur au moment de l'éjaculation.

La vésiculite aiguë, dont la cause habituelle est la blennorrhagie, comme la prostatite, est occasionnée par les excès de coït fréquemment répétés, par un cathétérisme brutal, une injection mal faite. Elle est relativement rare et se produit surtout chez les sujets qui offrent une cause de stagnation des produits de secrétion dans les glandes. Nous ne reviendrons pas sur cette question déjà longuement exposée, mais sur un point particulier.

Quand, chez un malade atteint de prostate sénile, on a fait disparaître les causes de stagnation et que les glandes distenduees se vident de leur contenu, s'il apparaît une complication générale, la grippe par exemple, les sécrétions redeviennent purulentes et pour un temps les signes physiques et fonctionnels se montrent de nouveau avec toute leur intensité. Nous avons observé le même fait chez un jeune homme qui, à la suite d'une blennorrhagie mal soignée, eut une prostatite aiguë de moyenne intensité. Après le debridement du prépuce et du méat qui étaient étroits, l'écoulement spontané se produisit et toute menace de phlegmon fut désormais écartée. Il était en bonne voie de guérison quand il contracta la grippe. Brusquement, un jour, les douleurs de la miction et l'excitation vésicale se montrèrent de nouveau, et au toucher rectal, la vésicule droite, tendue, chaude, douloureuse, se percevait nettement. La prostate était souple et indolente. Ces phénomènes se calment très rapidement par le traitement local et le malade guérit sans autre complication. Il a cependant toujours conservé une grande susceptibilité de l'urètre : car ayant abandonné tout traitement depuis trois ans, je le revis en octobre 1894. Ayant de la difficulté à uriner, il tenta de se passer une bougie, amorça une fausse route et fut pris de rétention complète. De nouveau, je lui conseillais de revenir aux lavements, aux suppositoires, etc., et depuis cette époque il n'accuse aucun trouble de la miction. La vésicule droite peut être perçue par le toucher, tandis qu'on ne sent point la vésicule du côté gauche. La pression ne fait rien sortir au méat. L'état général est d'ailleurs excellent.

Les inflammations aiguës de la vésicule peuvent être le point de départ de phlegmons périvésicaux, comme un de nous a eu l'occasion de l'observer (1).

Hypersécrétion urétrale ancienne. — Excès génésiques. — Inflammation aiguë de la vésicule séminale droite, qui se propage le long du canal déférent, aux tissus circonvoisins, au péritoine et au cordon en masse. — Hernie inguinale consécutive. — Guérison. — De temps en temps je donnais mes soins à un jeune homme de 28 à 29 ans, qui était atteint d'hypersécrétion chronique de l'urètre, avec poussées inflammatoires, se traduisant par de la douleur en urinant, et du pus dans l'écoulement. En dehors de ces irritations momentanées, que je faisais disparaître au moyen des injections profondes, *d'après la méthode de Mercier*, en me servant d'une solution de nitrate d'argent à 0,75 centigrammes pour 100, le liquide de l'écoulement était blanc, filant entre les doigts, gommant le linge, et y constituant des taches ayant tout à fait l'aspect des taches de sperme. Cet écoulement blanc ne contenait pas de spermatozoïdes, et il disparaissait pendant les deux ou trois jours qui suivaient un coït. Mais lorsqu'il y avait un excès génésique, presque toujours il se produisait une purulence de l'écoulement, qui s'accompagnait des

(1) Reliquet. *Société de Médecine de Paris*, 9 février 1878.

excitations de la région profonde de l'urètre et de douleurs en urinant. C'est alors que le malade venait me consulter.

Le sujet, quoique fort et bien constitué, se trouvait toujours bien du séjour aux bords de la mer et des bains de mer, qui, à plusieurs reprises, avaient suspendu pour un certain temps son écoulement blanc.

Il n'avait pas eu de poussée aiguë, avec excitations de l'urètre, depuis plus de cinq mois, lorsqu'il y a trois ans il m'envoie chercher au milieu de la nuit. La veille il s'était livré à des excès génésiques. Dans la soirée il avait commencé à souffrir en urinant, mais les envies d'uriner s'étaient rapprochées de plus en plus, et la miction était de plus en plus douloureuse.

Lorsque je le vois, à une heure du matin, il urine toutes les dix minutes, faisant des efforts violents d'expulsion, et se plaignant d'une douleur allant de l'anus à l'extrémité de la verge ; douleur qui persiste après la miction, en s'atténuant peu à peu. Il y a même un peu de sang dans le liquide évacué, qui est rosé. Cet état douloureux a mis le malade dans une très grande anxiété générale, qui inquiète vivement son entourage.

Au toucher rectal, le contact du doigt avec la vésicule séminale droite qui est gonflée, exaspère instantanément l'état douloureux. Dans les autres points, rien de particulier. La palpation au-dessus du pubis ne provoque aucune espèce de douleur.

De suite, je fais appliquer de grands cataplasmes laudanisés sur le ventre, je fais boire le plus possible d'eau de graines de lin préparée à froid. Immédiatement j'introduis une sonde en gomme dans le rectum, jusqu'à 15 ou 20 centimètres et par elle j'injecte dans l'intestin une grande quantité d'eau tiède, environ un litre, ce qui favorise l'évacuation des matières sans provoquer trop de douleur. Puis, j'injecte dans le rectum un petit lavement de 150 grammes d'eau tiède contenant 15 gouttes de laudanum de Sydenham. Le calme obtenu par ces moyens fut à peine sensible.

Le lendemain, après avoir vidé le rectum au moyen d'un lavement d'eau tiède et d'une longue canule en gomme introduite de 15 centimètres dans l'intestin, je fis appliquer au périnée, tout près de l'anus, huit sangsues l'une après l'autre : quand l'une tombait, on mettait la suivante. Dans le rectum je maintenais un cataplasme très liquide de graines de lin. Le soir, je mis le malade dans un bain chaud pendant une heure et demie.

Les mictions devinrent moins fréquentes, le malade n'urinait plus que toutes les demi-heures, et le ténesme si douloureux se prolongeait peu après chaque miction.

Pendant deux jours nous continuâmes les grands lavements, matin et soir, les cataplasmes dans le rectum en permanence, les boissons abondantes ; et tout semblait nous faire croire à une résolution prochaine, lorsque brusquement le malade se plaint d'une douleur violente dans la fosse iliaque droite, avec léger ballonnement du ventre, et augmentation dans la fréquence des mictions.

En mettant la main sur l'abdomen, immédiatement au-dessus de l'arcade crurale droite, on percevait de suite le frottement péritonéal d'une façon très nette. En déprimant la paroi abdominale, on reconnaissait un empâtement profond, immédiatement au-dessus de l'arcade crurale et en arrière du pubis. Cette exploration était douloureuse. Il y avait une douleur spontanée fixe dans le canal inguinal : le palper l'exaspérait ; dans ce canal droit, le cordon était plus gros que de l'autre côté.

Immédiatement je fis appliquer 15 sangsues au-dessus de l'arcade crurale, et je prescrivis des frictions avec l'onguent mercuriel après les sangsues.

De temps en temps il sort par le canal de l'urètre, avec l'urine, des filaments muqueux chargés de pus.

Le lendemain, cinquième jour de la maladie, la péritonite localisée est moins violente ; la palpation au-dessus de l'arcade crurale est moins douloureuse, et permet de délimiter d'une façon nette le gonflement des parties constituantes du cordon, à leur entrée dans le canal inguinal. Tout le cordon est pris en masse, dans le canal inguinal et au delà, jusqu'à deux travers de doigt de l'épididyme. Il est impossible de distinguer dans cette masse les différents vaisseaux et le canal déférent. Au niveau de l'anneau inguinal externe, il y a une douleur vive ; mais l'épididyme est indemne. La tunique vaginale contient une certaine quantité de liquide.

Le lendemain, le gonflement envahit l'épididyme en masse, et la tunique vaginale est fortement distendue par du liquide : de là la douleur caractéristique, qui est fort intense.

Immédiatement je ponctionne la vaginale avec la lancette, selon la méthode de Velpeau. Le liquide s'écoule, et la douleur diminue considérablement. Je fais enlever avec soin la pommade mercurielle, résultat des frictions, et pour lutter contre le gonflement général du cordon qui augmente, et qui provoque des douleurs intenses dans le canal inguinal et surtout au niveau de l'anneau externe, je fais appliquer 15 sangsues sur le canal inguinal, et au niveau de l'anneau externe. Immédiatement après, on reprend les frictions mercurielles.

Les grands lavements sont toujours continués matin et soir, ainsi que les cataplasmes dans le rectum, les boissons abondantes et la diète aux bouillons et potages.

Par l'urètre, il s'écoule des mucosités purulentes assez abondantes; les envies d'uriner n'ont lieu que tous les trois quarts d'heure, et la miction est bien moins douloureuse.

La résolution s'accentue de plus en plus, et six jours après tous ces accidents suraigus, le cordon, encore gonflé, n'est plus douloureux. La tuméfaction au-dessus de l'arcade crurale diminue sensiblement, le malade finit par uriner toutes les deux heures, et sans douleur.

En pleine convalescence, il y a une pollution nocturne, qui évacue une quantité assez considérable d'un liquide dont je constate les traces sur le linge : ce sont de grandes taches où le linge est gommé ; elles présentent une périphérie gris sale, et des plaques d'un jaune vert.

Par le toucher rectal, je constate que la vésicule séminale droite est vide, qu'elle n'est plus sensible, mais que ses tissus périphériques sont comme empâtés. Le cordon, revenu sur lui-même, quoique encore assez gros, permet de passer le doigt dans le canal inguinal, qui reste manifestement élargi. Bientôt tous les troubles de miction ayant disparu, il n'y a plus d'écoulement urétral.

Deux mois après, le malade revient me voir, se plaignant d'une tumeur douloureuse dans l'aine. Je reconnus de suite qu'il s'agissait d'une hernie inguinale du côté droit, que je réduisis. Je lui fis porter un bandage.

Un an plus tard, ce malade vient me consulter pour savoir s'il doit encore porter son bandage. Je constate que l'anneau externe et l'anneau interne sont revenus sur eux-mêmes; il n'y a plus trace de la hernie, quels que soient la position prise et les efforts faits par le malade. Le bandage est supprimé.

« Par analogie, n'est-il pas possible de dire que j'ai eu affaire là à un véritable phlegmon du ligament large de l'homme? De la vésicule séminale droite, l'inflammation s'est propagée à son tissu ambiant, puis à celui qui entoure son canal déférent, et au péritoine circonvoisin.

» Le cordon s'est enflammé en masse, de l'intérieur à l'extérieur progressivement jusqu'à l'épididyme. C'est bien le tissu cellulaire ambiant du cordon qui était atteint, car l'épididyme n'a été pris qu'après tout le cordon, ce qui ne se rencontre guère dans les orchites habituelles. Puis, le liquide s'est accumulé dans la tunique vaginale avant que l'épididyme fût envahi, évidemment grâce à la compression des vaisseaux du cordon compris dans le phlegmon.

» Le canal inguinal, y compris ses anneaux, fortement dilaté par le gonflement du cordon, est resté ouvert après la résolution de l'inflammation du cordon : de là la hernie consécutive qui a guéri, grâce au retrait des anneaux inguinaux. »

CHAPITRE VII

Glandes de Méry ou de Cowper.

I

Physiologie normale. — Physiologie pathologique. — Stagnation et rétention des produits de sécrétion dans les glandes de Méry. — Dilatation
de la glande et de son conduit excréteur. — Influence sur la vessie et
l'urètre.

La glande de Méry, en raison de sa situation, de son
volume et de la fréquence des altérations pathologiques
dont elle peut être le siège, doit être prise comme
type des glandes urètrales que nous avons nommées
intra musculaires ou *sous-muqueuses* (glandes à mucus).

La disposition anatomique du corps glandulaire, le
long trajet du canal excréteur, la disposition de l'orifice urètral et, par conséquent, le mécanisme d'occlusion
de la glande, ont été précisés. A l'état normal, la glande
sécrète un mucus assez épais, qui, s'il est sécrété d'une
façon continue, ne se montre en quantité notable que
pendant et après l'érection. Il semble destiné et à

lubrifier le canal avant l'éjaculation et à diluer le
sperme. En dehors de cette fonction génitale proprement
dite et dont le rôle est probablement capital, le mucus
de la glande se joint à celui des autres glandes
muqueuses pour maintenir à la surface de l'urètre une
légère humidité facilitant le passage de l'urine et
protégeant l'épithélium du canal contre l'action nocive
du liquide urinaire.

Ainsi le mucus de la glande de Méry est sécrété
d'une façon peu intense, mais continue ; cette sécrétion
s'accroît sous l'influence de la congestion locale (érection) et peut-être de l'excitation des nerfs sécrétoires.
De même, l'excrétion du contenu glandulaire n'a pas
besoin pour se produire de la contraction des muscles
intrinsèques de la glande. On voit déjà par combien de
points une glande muqueuse diffère essentiellement
d'une glande prostatique. Au point de vue pathologique
les différences seront tout aussi nettes. Aussi convient-il
de les accentuer encore par une description physiologique plus complète.

Le conduit excréteur est maintenu fermé par l'élasticité des tissus qu'il traverse, par l'application exacte
sur la muqueuse urètrale de la valvule qui le termine
et au moment du passage de l'urine par la distension
du canal. Il n'y a pas de force active tendant à parfaire
cette occlusion, déjà très exacte par elle-même. On
peut donc prévoir que les circonstances où la glande
viendra à se laisser distendre notablement par les
sécrétions seront rares, sauf quand celles-ci par leur
nature établiront un obstacle mécanique et obstrueront
le conduit excréteur. De plus, cette stagnation et dilata-

tion glandulaire résultera, le plus souvent, tout au moins de modifications profondes provoquées par une inflammation locale longtemps persistante ou d'une grande intensité. Il arrivera aussi plus facilement qu'ailleurs, que le canal dilaté et maintenu béant par l'inflammation — en arrière d'un rétrécissement par exemple — laissera passer quelques gouttes d'urine et la stagnation se compliquera vite par le fait de la décomposition de l'urine stagnante. En revanche, quand on aura pu calmer les phénomènes inflammatoires, ce canal excréteur qui défend la glande contre l'envahissement de l'urine reprendra mieux que tout autre ses fonctions un instant perdues. Des faits nombreux que nous rapporterons plus loin justifient ces différentes propositions.

L'appareil expulseur intrinsèque représenté par les fibres musculaires lisses de la paroi de la glande (?) et par les faisceaux du bulbo-caverneux, s'oppose dans une certaine mesure à la dilatation glandulaire et fait que dans l'effort d'expulsion le contenu de la glande est chassé au dehors. Il faut encore ici une contraction synergique de tout le périnée, appareil expulseur extrinsèque. Le sujet éprouve, soit après la miction, soit pendant la marche, une contraction brusque du périnée, qui rappelle l'éjaculation sans toutefois la simuler et le liquide en stagnation arrive en une petite masse au méat.

OBSERVATION XXXVIII. (M. Reliquet). — (*Fistules urétrales non urinaires*, page 17). — En 1877, mon ami le docteur Paul Dubois m'appelle près d'un jeune homme de vingt-deux ans, étudiant. Depuis trois ans il a un écoulement chronique de l'urètre. A la suite d'excès de coït il est pris de douleurs violentes au périnée. Depuis le début des accidents (quatre jours), il lui est impossible de s'asseoir, et l'évacuation de l'urine est devenue de plus en plus difficile, jusqu'à la rétention.

Au lieu d'élection, dans le triangle périnéal gauche, sans qu'il y ait de saillie de la peau, on sent sur le côté du bulbe une tumeur oblongue d'avant en arrière, extrêmement sensible au toucher, que l'indicateur dans le rectum et le pouce sur le périnée délimitent très bien.

Je passe une sonde en gomme n° 13, qui est un peu serrée dans la région membraneuse, et provoque une douleur violente. Je retire un litre et demi d'urine. La sensibilité de l'urètre persiste. Mais, malgré cela, je laisse la sonde à demeure. Je fais prendre un grand lavement avec ma longue canule, matin et soir. Une heure après que le grand lavement est rendu, j'injecte très haut dans le rectum, matin et soir, un petit lavement de 100 grammes d'eau contenant 6 centigrammes d'extrait de jusquiame et 8 gouttes de laudanum.

Le troisième jour, le gonflement glandulaire augmentant ainsi que la douleur, je place six sangsues sur la tumeur, mises l'une après l'autre. Elles furent suivies d'une détente ; la douleur était bien moindre.

Il était possible de toucher la glande enflammée sans provoquer de cris. Je reconnais alors que la tuméfaction est beaucoup moins tendue. Je retire la sonde. La pression sur la glande fait sortir par l'urètre le liquide muqueux, épais, filant, maculé de stries purulentes. Cette évacuation amène un plus grand soulagement.

Le malade urine seul. A la fin de chaque miction, qui d'abord est incomplète, il a une douleur vive avec épreinte et expulsion de mucosité filante, en tout semblable à celle qui est évacuée par la pression directe.

Pendant trois jours, je vide une fois par vingt-quatre heures, avec la sonde, la vessie, et la miction se fait complètement.

La tumeur diminue rapidement, mais pendant trois semaines il y a expulsion d'un mucus de moins en moins épais et de moins en moins purulent. Enfin on ne trouve plus au palper trace du gonflement de la glande.

Ce même malade, n'ayant plus d'écoulement depuis les accidents de 1877, me fait appeler en 1880. Cette fois, c'est la glande de Cowper droite qui est prise, et toujours sous l'influence de la même cause, excès de coït, — le diagnostic est très net. Il y a encore difficulté pour uriner, mais la rétention n'arrive pas à être complète, la percussion me démontre que la vessie reste dilatée après les mictions qui sont très fréquentes. Je me borne à vider la vessie matin et soir pendant trois jours. Pendant ce temps le rectum est maintenu vide par le grand lavement, matin et soir. Je mets sur le point douloureux quatre sangsues, placées l'une après l'autre, et dès le quatrième jour du traitement la vessie se vide. La pression directe sur la tuméfaction glandulaire en fait sortir par l'urètre les mucosités, qui sont ainsi chassées par le coup de piston de la fin de la miction. Tout s'est rétabli en peu de jours.

Lorsque la glande de Méry est le siège de stagnation ou de rétention des produits sécrétés dans sa cavité et que la quantité des sécrétions vient encore à s'accroître sous l'influence d'une poussée inflammatoire ou d'excitations génitales, il y a une douleur locale bien déterminée et un gonflement de la glande qui permet d'apprécier par le toucher sa situation exacte. La compression avec le doigt peut en évacuer le contenu. Ce n'est pas du mucus normal qui s'écoule ainsi; c'est le plus souvent un liquide filant plus ou moins chargé de pus.

La stagnation du pus et à plus forte raison de l'urine mélangée au pus aboutissent à une inflammation qui gagne les tissus voisins et devient le point de départ d'abcès et de phlegmons. Souvent également, il y a des phénomènes infectieux généraux qui peuvent être graves, qui ne sont pas à proprement parler dus à l'infection urinaire; ceci justifie ce que nous avons dit plusieurs fois, que l'urètre peut être le point de départ de toutes sortes d'infections générales, depuis l'infection urinaire jusqu'à l'infection purulente.

Les causes adjuvantes de la dilatation glandulaire
avec stagnation des produits sécrétés sont donc les
inflammations antérieures plus ou moins prolongées.
Il n'y a plus comme dans la prostate de cause active
de stagnation dans la contraction urètrale; mais, en
revanche, il y en a une dans la passivité de l'urètre.
C'est-à-dire que quand, pour une raison quelconque,
l'effort spécial d'évacuation n'est pas possible (contraction du périnée) la stagnation trouve les meilleures
conditions pour se produire dans les glandes de Méry,
comme d'ailleurs toutes les autres glandes urètrales.

L'un de nous (1) a établi que « lorsqu'il y a une
cause d'irritation quelconque entre le méat et le collet
du bulbe, il y a excitation de l'urètre, c'est-à-dire
spasme, avec passivité de la vessie ».

Cette loi générale que nous avons souvent eu l'occasion de développer nous explique la difficulté au
passage des sondes chez les sujets atteints de cowpérites,
la stagnation ou la rétention d'urine qui l'accompagne.
Elle nous explique aussi comment l'on a pu croire
chez eux à l'existence d'un rétrécissement urètral très
serré, alors que le canal était simplement le siège de
phénomènes spasmodiques (voir : *Faux rétrécissements
de l'urètre*).

(1) Reliquet.

II

Causes de l'inflammation de la glande de Méry. — Causes générales.
Causes locales. — Causes occasionnelles.

Les causes générales d'inflammation des glandes de
l'urètre ont déjà été exposées plus haut (t. I, page 84).
Les sujets lymphatiques, en dehors d'une cause locale
d'infections (blennorrhagie ou urètrite manifeste) ont
plus facilement que d'autres des écoulements d'origine
glandulaire. Chez les rhumatisants on note plutôt le
gonflement et l'induration des glandes se terminant
brusquement par résolution alors que se montre dans
un point plus ou moins éloigné une autre manifestation
de la diathèse (1). Peut-être ces causes tenant à l'état
général du sujet ne doivent-elles pas être seules mises en
jeu et faut-il tenir compte dans l'interprétation des
causes des accidents des microbes plus ou moins inof-
fensifs qui habitent l'urètre? Peu importe au point de
vue clinique, le seul que nous envisagions ici; car le
traitement local seul, dirigé directement contre la
cause présumée, reste toujours sans résultat favorable,
tandis que le traitement général en rapport avec la
constitution du sujet amène la guérison.

Dans certains de ces écoulements urètraux, comme
dans d'autres qui ont leur origine dans les glandes
sous-musculaires (prostate, vésicules séminales), alors
que l'exploration locale et que l'état général du malade

(1) *Faux rétrécissements de l'urètre*, page 27.

ne permettaient point d'affirmer la tuberculose, on a
trouvé des bacilles de Koch.

Ces différentes conditions constitutionnelles viennent
s'ajouter aux causes locales pour faciliter l'apparition
des cowpérites et pour en rendre la guérison lente et
difficile. Quant à ces prédispositions diathésiques aux
inflammations glandulaires, se joignent des raisons locales
comme par exemple la dilatation du conduit excréteur
par une inflammation antérieure, un obstacle au cours
de l'urine dans la portion pénienne du canal, on conçoit
avec quelle facilité relative les glandes seront intéressées.

En résumé, ces causes locales sont celles qui favorisent la dilatation de la glande par l'abondance des
produits sécrétés en un temps court et l'évacuation
incomplète de ces sécrétions. Les excitations génésiques
fréquemment répétées, encore plus que les excès de
coït, provoquent souvent l'apparition d'une cowpérite
(voir observation XXXVII). Les causes d'affaiblissement
de l'appareil expulseur intrinsèque et extrinsèque ont
également une certaine influence, beaucoup moindre
toutefois que pour la prostate et les vésicules séminales,
comme nous l'avons dit précédemment. Il faut toutefois
en tenir compte quand il s'agit d'un sujet déjà vieux
dont les tissus sont le siège des phénomènes régressifs
de la sénilité.

Le terrain ainsi préparé, la moindre cause occasion-
nelle agira avec toute son intensité. Le plus souvent
c'est la blennorrhagie, non pas dans ses premières
semaines, mais lorsque, plus ou moins chronique elle a
eu le temps d'envahir les culs-de-sac glandulaires. Un
cathétérisme violent, une injection mal faite ou trop

caustique, le coït trop tôt repris ou sans modération, sont ordinairement l'occasion du début d'une cowpérite.

Lorsqu'il y a rétrécissement pénien, en avant de l'orifice des conduits de la glande et surtout lorsque ce rétrécissement siège loin du méat, les conduits de la glande chroniquement enflammés par l'urine stagnante, et infectée dans la dilatation urètrale rétro-stricturale laissent suinter jusqu'à la glande de Méry un peu de cette urine. Il en résulte une suppuration glandulaire et les produits altérés par l'infection se déversent dans la dilatation du canal en arrière du rétrécissement, donnant lieu alors à des phénomènes locaux intenses et à une infection générale qui peut être rapidement menaçante. En effet, ce mélange du pus et de l'urine stagnante, baignant une région de l'urètre enflammée chroniquement, est résorbé en partie. Tel est, à notre sens, le mécanisme de l'infection générale ; car, quand la glande enflammée ne peut déverser ses produits dans l'urètre, les phénomènes infectieux généraux sont toujours beaucoup moindres, ainsi que, par des exemples, nous le démontrerons plus loin.

III

Symptômes de l'inflammation de la glande de Méry. — Comment il faut explorer la glande. — Symptômes locaux et symptômes généraux. — Marche de l'inflammation et traitement.

« Toutes les fois qu'il y a une cause d'irritation située entre le méat et le collet du bulbe, il y a également excitation urètrale et passivité de la vessie. » Ceci nous

explique les troubles fonctionnels communs à toutes les cowpérites.

Le début s'annonce le plus souvent par une sensation de gène au périnée et dès ce moment, si l'on pratique la palpation des glandes de Méry, on en perçoit une, le plus ordinairement celle du côté gauche, qui, dure, sensible à la pression, roule sous le doigt comme un ganglion peu mobile. La simple palpation du périnée ne suffit point à donner des sensations aussi nettes ; aussi vaut-il mieux introduire l'index dans l'anus et le pouce appuyant sur le périnée, on saisit la glande entre les deux doigts ainsi placés. On se rend compte alors très exactement de sa situation à côté du bulbe, de son volume et de sa consistance.

La compression fait alors apparaître au méat les produits de sécrétion en stagnation dans la glande ; et au fur et à mesure que la glande se vide, sa consistance devient moindre, ses limites moins nettes. Le liquide qui s'écoule est toujours filant, épais, de couleur jaunâtre, strié de lignes jaunes. A la suite de cette évacuation provoquée lorsqu'elle est faite en temps opportun et avec toutes les précautions voulues, il y a sédation dans tous les symptômes accusés par le malade.

Si la cowpérite continue à évoluer, la gène périnéale se transforme en une véritable douleur que la marche, la défécation et les efforts de toute sorte exagèrent notablement. La station assise ne devient possible que dans une attitude tout à fait caractéristique que nous avons signalée et la marche ne peut avoir lieu que dans des conditions spéciales (relâchement du périnée). La miction, pénible, ne se fait qu'avec efforts ; la vessie ne se vide pas et il y a bientôt rétention d'urine.

A ce moment, une sonde introduite dans l'urètre rencontre au niveau de la portion membraneuse une vive résistance et parfois même un obstacle difficile à franchir. Aussi arrive-t-il souvent que le praticien non prévenu, trompé par les difficultés du cathétérisme, la rougeur et la tension du périnée, croit à une infiltration d'urine au début et incise inutilement cette prétendue infiltration.

En effet, on n'a pas suffisamment différencié les abcès des glandes périphériques de l'urètre des autres inflammations péri-urètrales au début. Il en résulte qu'en appliquant à toutes le même traitement, on obtient parfois des insuccès qui auraient pu être évités, si un diagnostic plus exact avait été porté avant l'intervention. Les observations que nous rapporterons plus loin nous dispensent de développer ici ces considérations.

Dans le cas de cowpérite aiguë que nous venons de décrire avec gonflement et rougeur périnéales, spasme de l'urètre et rétention d'urine, aussitôt que l'on a fait cesser la constipation habituelle en pareil cas, que la compression de la glande a été rendue possible par l'application de topiques calmants, au besoin par une saignée locale, que la vessie a été maintenue au repos par la sonde, le pus et les sécrétions modifiées contenus dans la cavité glandulaire sont expulsés au dehors et tous les accidents se bornent là sans qu'il y ait eu de retentissement notable sur la santé générale. Donc pas de phlegmon périglandulaire, pas de nécessité d'une intervention directe hâtive dont la conséquence serait une fistule au périnée. D'ailleurs souvent les choses n'en arrivent point à ce degré. La glande est légèrement tendue, assez sensible et, cet état se calme peu à peu par le traitement local ; nous en avons vu de très fréquents exemples (observation XXXVIII).

Quand, au contraire, il est trop tard ou il est impossible d'enrayer la marche du phlegmon, il convient alors de l'inciser suivant les règles classiques. Nous supposons le cas où il n'y a aucun obstacle du côté de l'urètre ; car nous l'avons dit et le répétons encore : s'il y a du côté de l'urètre une disposition quelconque pouvant être un obstacle au cours de l'urine, il convient de la faire disparaître tout d'abord par les moyens appropriés. Le pus qui s'écoule après l'incision est d'une fétidité spéciale différant de la fétidité des abcès urineux proprement dits.

Quand les produits de sécrétion, au lieu de rester dans la glande ou d'être évacués par un des deux modes signalés plus haut (observation XXXVII), ou par la compression directe, viennent à se déverser dans l'urètre en arrière d'un rétrécissement, ils donnent lieu aux phénomènes infectieux les plus graves qui cèdent dès que l'on a rétabli le calibre du canal (1). D'où notre pratique, en face d'une tuméfaction phlegmoneuse du périnée de nature douteuse ou *à fortiori* à point de départ glandulaire, de calibrer l'urètre s'il y a lieu, par l'urètrotomie interne avant d'inciser à la recherche du pus. On se met ainsi à l'abri des fistules qui suc-

____

1. Rétrécissements péniens compliqués de cowpérite suppurée. *Union médicale* 1887.

cèdent si souvent à l'ouverture de ces glandes et qui sont toujours très difficiles à cicatriser, comme le prouvent les travaux de Desprès, de Gruget et celui de l'un de nous sur les *fistules urètrales non urinaires.*

OBSERVATION XXXIX. (M. Reliquet, in *Rétrécissements péniens*, etc., pages 5 et suivantes). — *Rétrécissement pénien. — Glande de Cowper suppurée se vidant dans l'urètre. — État général infectieux des plus graves. — Urétrotomie interne. — Guérison.* — En 1882, je suis appelé près de M. X..., âgé de soixante-deux ans. Il était soigné depuis longtemps pour des troubles gastriques, pour une affection des voies biliaires. Jamais le malade n'avait attiré l'attention de ses médecins du côté des voies urinaires.

Étant dans un état général des plus graves, ne pouvant supporter aucun aliment, vomissant tout, même l'eau glacée, ayant du muguet sur toute la bouche et le pharynx, une fièvre intense, la peau jaune ictérique terreux, on fait appeler le docteur Landouzy. L'examen des urines attire immédiatement son attention, et le malade lui raconte qu'il urine très souvent depuis longtemps, et même avec beaucoup d'efforts.

A l'examen extérieur, je trouve une tuméfaction occupant tout le périnée ; elle est médiane, d'une consistance molle, uniforme dans toute sa masse. Je ne trouve pas la moindre induration, ni le moindre œdème de la peau ou du tissu cellulaire sous-cutané. Partout la peau est absolument mobile sur les tissus sous-jacents. La palpation ne provoque pas de sensibilité.

Dans l'urètre, je constate un rétrécissement à la partie moyenne de la verge, très étroit, je ne peux y passer que le n° 5.

Au toucher rectal, rien du côté de la prostate. En explorant, l'index dans le rectum et le pouce sur le périnée, je reconnais que la tumeur est limitée en arrière au périnée, qu'elle s'implante sur le bulbe, et que les tissus de ses parois sont très souples.

De suite j'éloigne l'idée de la poche urineuse, dont les parois ont toujours une densité plus marquée, surtout sur les côtés et à la base. Ce n'est pas non plus un commencement d'infiltration urineuse, il n'y a pas d'œdème dur, et les tissus de cette tuméfaction ne sont ni durs ni rénitents. Au delà de la prostate on trouve la vessie dilatée.

Les urines sont troubles. Lorsque le pus très abondant qu'elles contiennent est déposé, elles ont une teinte jaune orange. Elles répandent une odeur infecte, douceâtre, rappelant tout à fait celle du sperme en putréfaction. La vessie remonte jusqu'à quatre travers de doigt au-dessus du pubis.

Mon diagnostic fut : rétrécissement compliqué d'une inflammation chronique d'une glande périphérique de l'urètre.

Déjà, en raison de l'état grave, le docteur Landouzy avait prévenu la famille que l'issue funeste était à craindre. Le diagnostic que je venais de faire laissait un espoir, en rétablissant immédiatement par l'urètrotomie interne le cours des urines, ce qui permettrait de désinfecter les voies urinaires. Mais en raison des accidents généraux aussi sérieux, nous craignions des lésions du côté des reins. A ce moment rien ne permettait d'écarter cette hypothèse, malgré l'absence de tout signe physique ou de douleur du côté des reins, leur examen ayant été absolument négatif. La quantité d'urine par vingt-quatre heures était bonne.

Je fais l'urètrotomie interne devant M. le Dr Landouzy. Au moment où la sonde ouverte aux deux bouts arrive dans la vessie, mon confrère et moi nous sommes étonnés de voir sortir une urine jaune ambrée, peu foncée, absolument limpide, ne répandant aucune odeur, et cela jusqu'à la dernière goutte, jusqu'à ce que la vessie soit vide.

Ainsi le pus infect des urines vient de l'urètre.

Je fais le lavage de la vessie avec l'eau boriquée à 40 0/00 et à la température de 37 degrés, et toutes les deux heures par la sonde à demeure, maintenue ouverte, on fait dans la vessie l'injection d'eau boriquée.

Pendant les quarante-huit heures de la sonde à demeure, l'urine qui s'écoule par elle est toujours claire et absolument sans odeur. Mais par-dessus la sonde, surtout lorsqu'on comprime la tuméfaction du périnée, il sort un pus en tout semblable à celui qui se déposait dans le vase de nuit avant l'opération : consistance, odeur douceâtre spéciale, tout est identique. J'injecte autant que possible entre la sonde et le canal de l'eau boriquée qui revient en lavant le canal, et je m'abstiens de toute pression sur le périnée.

Pendant les quarante-huit heures de la sonde à demeure, il n'y a pas le moindre incident, le malade est mieux, il peut garder un peu de lait.

Immédiatement avant de retirer la sonde, je fais plusieurs

injections de lavage dans la vessie. Comme toujours, je laisse la vessie pleine d'eau boriquée ; et pendant que je retire la sonde, j'y injecte à grande eau la solution boriquée qui lave largement l'urètre d'arrière en avant.

Une demi-heure après, le malade, à son grand étonnement, pisse, avec un gros jet, la majeure partie de l'eau boriquée laissée dans la vessie. Tous les jours, chez ce malade, je passe une sonde en gomme n° 15, par elle je lave la vessie avec l'eau boriquée ; je laisse la vessie pleine de cette eau. Et, en retirant la sonde, je lave à grande eau l'urètre.

Dans les urines, on retrouve à nouveau le pus, comme avant l'opération, mais il est de moins en moins abondant, et il a de moins en moins d'odeur.

Tout se passe chez ce malade sans le moindre incident, sans le moindre accès de fièvre.

Aussitôt la sonde à demeure retirée, nous assistâmes à une véritable transformation : Les vomissements cessèrent, les garde-robes bilieuses qui répandaient une odeur infecte, s'améliorèrent peu à peu et disparurent sous l'influence d'un purgatif salin et des grands lavements biquotidiens donnés depuis la veille de l'opération. Le teint jaune terreux disparaît. Le muguet de la bouche et du pharynx disparaît. Le malade prend de plus en plus de lait. Il arrive vite à deux litres et demi par vingt-quatre heures.

Dix jours après l'opération, je commence à passer les bougies. Je débute par la bougie conique olivaire n° 16.

Mais, en raison des conditions spéciales, voici comment je procède : Je commence par conduire dans la vessie la sonde conique olivaire n° 15, par elle je lave la vessie que je laisse pleine d'eau boriquée. En la retirant, je lave l'urètre, puis je passe les bougies dilatatrices en m'astreignant aux règles de lenteur et de prudence de la dilatation temporaire progressive que j'ai formulées dans mon *Traité des opérations des voies urinaires*. Je commence les premières séances avec les bougies en gomme. Arrivé au n° 18, je me sers des cathéters Béniqué, ne gagnant qu'un numéro Béniqué par jour.

Le malade, peu de temps après chaque séance, urine l'eau boriquée contenue dans sa vessie. Ainsi je maintiens aussi complète que possible l'antisepsie de l'urètre, où forcément passe le mélange de sécrétion et de pus venant de la glande de Cowper.

Tous les jours j'observe les faits suivants : Avant de passer le cathéter Béniqué, la pression sur la tumeur du périnée ne fait sortir que très peu de pus par l'urètre. Aussitôt après le passage du cathéter, le pus s'écoule abondamment par le méat, et cela sans pression sur la tumeur. Mais la pression à ce moment active beaucoup l'écoulement du pus. Ainsi, après quelques jours, par cette manœuvre, la poche glandulaire est vidée, car plusieurs heures après cette évacuation quotidienne, la main ne trouve plus rien au périnée.

Le pus ainsi évacué est absolument épais, un peu filant entre les doigts, sans mélange avec l'urine. Ce pus, de moins en moins abondant, n'a bientôt aucune odeur. Il prend une teinte de moins en moins jaune en devenant plus poisseux. C'est de plus en plus de la sécrétion normale.

Je continue à passer des cathéters Béniqué, sans cependant dépasser le n° 45, jusqu'à ce que la pression faite sur le périnée, après le cathétérisme, ne provoque plus la sortie de la moindre quantité de ce mucus épais. Déjà depuis plusieurs jours les urines ne contenaient plus de mucus, et en dehors du cathétérisme il ne s'écoulait rien par l'urètre.

Chez ce malade, il n'est jamais sorti par l'urètre le moindre débris de tissus, rappelant ceux dus à l'action de l'urine dans les cas de tumeur urineuse ou d'infiltrations urineuses. Lorque je quitte ce malade, après lui avoir appris à se sonder, il est impossible de trouver au périnée, sur la continuité de l'urètre ou dans les triangles latéraux, la moindre trace d'induration.

Il n'y pas eu, depuis l'opération, le plus léger mouvement fébrile.

Par la lecture de l'observation précédente, on voit comment se fait la guérison et par quels symptômes cette guérison se manifeste. La tuméfaction du périnée diminue en même temps que la pression vide la glande dans l'urètre et cela sans provoquer de réactions douloureuses. La miction volontaire redevient possible ; le pus qui s'écoule du canal perd les caractères de fétidité qu'il avait tout d'abord ; enfin les sécrétions se rap-

prochent peu à peu de ce qu'elles sont à l'état normal,
c'est-à-dire ne sont plus formées que de mucus ; parallèlement l'état général se relève.

Jusqu'alors, on voulait, par l'urètrotomie, permettre
l'évacuation des liquides ou produits infectants contenus
dans les voies urinaires. On ne pensait pas, dans ces
cas, à la possibilité de l'infection par les liquides altérés
provenant d'une glande périphérique de l'urètre. Dans
cette observation, la preuve est très nette. Au moment
de l'opération, et constamment depuis, toutes les fois
que l'on a conduit une sonde dans la vessie, l'urine
qui en a été retirée a toujours été absolument claire,
limpide, sans odeur, tout à fait normale. Ainsi, jamais,
chez ce malade, il n'y a eu la plus légère altération
d'urine due à l'inflammation ou à une lésion d'un
point quelconque des parois de la vessie, des uretères
ou de la surface des reins. Mais il y avait au périnée
une poche communiquant avec l'urètre par un conduit,
qui permettait au liquide de la poche de se déverser
dans ce canal, et qui s'opposait au passage de l'urine
dans la poche, ainsi que le démontre la nature du pus
qui s'écoulait après chaque cathétérisme. Ces faits,
joints aux autres si topiques présentés par cette observation, nous font conclure que la tumeur du périnée
était due à une inflammation chronique d'une glande
périphérique de l'urètre, d'une glande de Méry.

Mais la porte d'entrée de la matière infectante, le
foyer infectant était-il la glande ou l'urètre en arrière
du rétrécissement ? Il nous est bien difficile d'affirmer
que les parois de la glande, constamment baignées du
pus mélangé au produit de sécrétion, n'aient pas permis

une absorption, quoique d'une façon générale la surface épithéliale des glandes s'oppose à l'absorption.

Ici, nous avons affaire à des parois enflammées produisant du pus, et les conditions physiologiques de la surface épithéliale de la glande peuvent être modifiées. Ce qui porte à admettre que le vrai point de départ de l'infection était l'urètre, c'est que, aussitôt l'urétrotomie faite, aussitôt que ce pus spécial, venant de la glande, n'est plus resté stagnant dans l'urètre en arrière du rétrécissement ; aussitôt que l'on a pu laver fréquemment l'urètre avec l'eau boriquée, soit en l'injectant dans le canal, soit en la faisant pisser par le malade, — immédiatement l'odeur des urines a cessé, et le pus qui sortait du méat par la compression de la tumeur a perdu sa fétidité. Nous savons que l'eau boriquée n'a pas pénétré dans la cavité de la glande (1) ; la nature du pus qui sort après l'injection le démontre. Ainsi, les parois de la poche glandulaire sont toujours baignées par le mélange de pus et des produits de sécrétion ; la surface de ces parois n'a pas été modifiée par un topique local, et cependant les phénomènes généraux d'infection ont cessé. L'état général s'améliore avec une rapidité surprenante.

Tout cela nous fait admettre que le lieu d'origine de l'infection était bien l'urètre en arrière du rétrécissement. Là, le pus et les produits de sécrétion, venant incessamment de la glande, se mélangeaient à l'urine.

(1) Quelques auteurs paraissent croire qu'en lavant l'urètre sous une certaine pression, on lave également la cavité des glandes. Nous renvoyons à l'anatomie et à la physiologie normales des glandes urétrales (tome 1er, chapitres 1er et II).

Le tout était retenu, baignant les parois de l'urètre, dont la muqueuse était enflammée et desquamée.

Mais l'intensité des accidents infectieux généraux était bien plus grande que dans les cas les plus graves que nous avons observés. Et cependant ni la vessie, ni les uretères, ni les reins n'étaient en jeu ; tout provenait de ce foyer limité de la région de l'urètre entre le rétrécissement, à la partie moyenne de la verge, et le collet du bulbe, là, où toujours il y avait stagnation d'une certaine quantité d'urine. La stagnation d'urine non altérée dans la vessie, sans rétention complète, ne suffit pas pour expliquer tout le cortège symptomatique de l'infection générale avant l'opération.

Voici un second fait de rétrécissement pénien compliqué de cowpérite. Là encore l'urètrotomie interne a été suivie du succès le plus complet. Mais chez ce malade, après l'opération, avant de pouvoir faire la dilatation temporaire progressive, ce que nous appelons le calibrage de l'urètre, il a fallu employer pendant un certain temps le régime lacté absolu pour faire cesser une insuffisance rénale manifeste.

OBSERVATION XL. (M. Reliquet, *ibidem*). — *Rétention complète d'urine. — Prépuce étroit. — Rétrécissement pénien très étroit. — Suppuration des deux glandes de Cowper se vidant dans l'urètre. — Reins insuffisants. — Accidents infectieux graves. — Débridement du prépuce et du méat. — Urètrotomie interne. — Régime lacté. — Guérison.* — Le 12 juillet 1884, je suis appelé aux environs de Paris, près de M. X..., quarante-cinq ans. Constitution générale assez bonne, mais dépression générale très grande due aux accidents actuels.

Depuis des années, M. X... a de la difficulté pour uriner. Il n'a jamais suivi un traitement sérieux. Ces derniers jours, la difficulté pour uriner a toujours été en augmentant. Depuis vingt-quatre heures, il ne s'écoule plus d'urine, la rétention est complète.

L'anxiété générale est très grande.

A l'examen extérieur, je trouve la vessie très distendue ; elle remonte jusqu'à 2 centimètres de l'ombilic. Il y a un phimosis étroit qui permet à peine de voir le méat, lequel est peu large. Le périnée est le siège d'une tuméfaction générale uniforme, d'une souplesse relative, uniforme dans toute la masse des tissus. La pression sur cette tuméfaction ne fait pas reconnaître un noyau central dur. Les tissus ne conservent en aucun point la trace de la pression du doigt. Il n'y a pas non plus d'œdème profond. Ainsi, il ne s'agit pas d'un phlegmon du périnée d'une nature quelconque.

Je passe avec assez de difficulté une bougie en gomme souple n° 3. Plusieurs fois, au moment de l'accès d'envie d'uriner, qui coïncide toujours avec la tension par contraction de la paroi vésicale, je retire un peu la bougie de façon à mettre son extrémité fine dans le rétrécissement (1), et l'urine sort par-dessus la sonde, ce qui soulage immédiatement le malade. Je m'assure que l'urine peut sortir par-dessus la bougie, remise en place, et je la fixe à demeure. Le soir, il y a un frisson violent. La bougie est retirée.

Le 13 juillet. Le malade est amené à Paris ; à son arrivée, il est très fatigué. Depuis que la bougie n° 3 a été retirée, l'urine s'écoule goutte à goutte, presque continuellement. Les douleurs de la rétention d'urine ne se sont pas reproduites. Je me borne à vider et à maintenir vide, par les grands lavements donnés avec la longue canule en gomme, le gros intestin. Je prescris le régime lacté et deux prises de sulfate de quinine de 25 centigrammes.

Le 14 juillet. J'essaie de franchir le rétrécissement, mais inutilement. Le lendemain, 15 juillet, la petite bougie n° 3 passe facilement. Je débride le prépuce par l'incision médiane supérieure, et je fixe à demeure la bougie.

Le 16 juillet. Je fais l'urétrotomie interne. Par la sonde n° 16, il sort de la vessie 700 centimètres cubes d'urine chargée de muco-pus épais ayant une odeur infecte douceâtre. Je lave de suite la vessie avec de l'eau phéniquée au millième et avec de l'eau boriquée à 40 p. 1000. Chaque deux heures on fait une injection

(1) Voir cette manœuvre, p. 176 (t. 1er), dans mon *Traité des opérations des voies urinaires.*

d'eau boriquée dans la vessie, et je retire la sonde le 18 après avoir laissé la vessie pleine d'eau boriquée.

Pendant les quarante-huit heures de sonde à demeure, il n'y a pas le moindre incident. La tuméfaction du périnée ne subit aucune modification ; son volume, sa consistance sont les mêmes. Lorsqu'il s'agit de tumeur urineuse ou d'infiltration d'urine au début, le volume et la consistance diminuent toujours à partir du moment où l'urine passe par la sonde à demeure.

Le malade urine facilement, mais les urines laissent toujours déposer un pus visqueux, épais, ayant toujours cette odeur douceâtre désagréable. En pressant sur la tuméfaction du périnée, on fait sortir par le méat ce pus visqueux, épais, à odeur douceâtre ; c'est le même que celui qui est dans l'urine ; il gomme le linge.

Tous les jours je passe une sonde conique olivaire nº 13 ; j'injecte de l'eau boriquée dans la vessie que je laisse pleine, et, en retirant la sonde, je lave l'urètre avec cette eau.

Le malade, dégoûté du lait, se sentant mieux, reprend la nourriture ordinaire.

Jusque-là, sauf l'accès de fièvre qui a suivi le passage de la première petite bougie, le 12 juillet, tout a marché à souhait.

Le 25 juillet. Je passe la bougie nº 17 sans rencontrer le moindre obstacle, il n'y a pas trace de sang, et j'avais eu soin de laver vessie et urètre avec l'eau boriquée et de laisser la vessie pleine de cette eau avant de passer la bougie nº 17. Deux heures après, frissons violents qui durent quatre heures. Cet accès de fièvre se termine par une sueur abondante, et, pendant la suée, commence une éruption pustuleuse sur les fesses, les cuisses et les jambes, surtout du côté droit.

Le 26. Ces pustules, très nombreuses, sont grosses comme de très gros pois. Ce sont des bulles pleines de pus ; autour d'elles il n'y a qu'un très mince liséré rouge, sans induration des tissus. Immédiatement la quantité d'urine tombe à 400 centimètres cubes par vingt-quatre heures.

Je mets le malade au régime lacté absolu. Tous les jours je donne 25 centigrammes de sulfate de quinine matin et soir.

Je continue les grands lavements matin et soir pour maintenir le rectum constamment vide, et je purge tous les huit jours avec du sulfate de soude.

Je panse les pustules avec des linges imbibés de liqueur de Van Swieten.

Je laisse le malade à ce régime jusqu'au 18 août, c'est-à-dire pendant vingt-trois jours. A ce moment l'état général est très bon, les urines sont depuis longtemps en quantité normale. Le malade prend régulièrement deux litres et demi de lait par vingt-quatre heures et souvent plus.

Je passe les bougies 16 et 17 sans provoquer de fièvre. Je reconnais que le n° 18 irrite le méat qui est étroit.

Le 21 août. Je débride le méat, et, les jours suivants, je peux continuer à calibrer progressivement l'urètre en passant les cathéters Béniqué. Je vais jusqu'au n° 46, et cela sans provoquer la moindre réaction générale ou locale.

Depuis longtemps la tuméfaction du périnée a changé d'aspect. Ce n'est plus une masse unique saillante. Il y a deux masses symétriques. En comprimant chacune d'elles, on fait sortir par l'urètre un mucus épais qui gomme le linge. A mesure que le calibrage du canal se complète, ce mucus, qui vient des glandes, diminue de quantité et devient de moins en moins purulent, depuis longtemps il n'a plus l'odeur infecte des premiers jours. Enfin la pression sur les glandes dont on ne perçoit plus le volume ne fait sortir qu'un mucus absolument blanc et inodore.

Toujours avant de passer les cathéters Béniqué, par une sonde en gomme je retirais l'urine de la vessie, et je remplissais celle-ci avec de l'eau boriquée. Pendant huit jours, l'urine ainsi retirée a contenu du mucus en tout semblable à celui qui sortait des glandes par la compression. Certainement ici ce pus a reflué de l'urètre dans la vessie, la dilatation très grande du bout postérieur de l'urètre en arrière du rétrécissement extrêmement étroit a été ici la cause de ce fait.

Le 13 septembre, la vessie se vide complètement à chaque miction, celle-ci n'a lieu que toutes les cinq ou six heures. Il n'y a plus d'écoulement par l'urètre. La guérison est complète.

De ces faits, comme d'un certain nombre d'autres analogues qu'il nous a été donné d'observer, nous concluons que la cowpérite vient parfois compliquer les rétrécissements péniens ; que le mélange dans l'urètre, en arrière du rétrécissement, du pus et des produits de sécrétion de la glande malade avec l'urine,

constitue un foyer d'infection pouvant provoquer les
accidents généraux les plus graves ;

Qu'il faut toujours commencer par faire l'urètrotomie
interne avant d'ouvrir la tuméfaction produite par la
glande malade au périnée ;

Qu'en soumettant l'urètre et la vessie à l'antisepsie la
plus minutieuse, la guérison s'obtient vite, sans accidents généraux et sans exposer le malade à une fistule
de la glande de Cowper simple, ou à une fistule urètrale non urinaire, souvent très difficile à guérir.

IV

Fistules consécutives aux cowpérites suppurées. — Comment elles s'éta-
blissent et comment elles persistent. — Leur siège habituel. — En quoi
elles diffèrent des fistules urètrales urinaires.

Nous avons déjà insisté à plusieurs reprises sur les
inconvénients que peut présenter l'ouverture inop-
portune d'une collection périnéale prise à tort pour un
abcès urineux en voie de formation. En effet, s'il s'agit
d'un abcès glandulaire, il persiste consécutivement à
l'incision un trajet fistuleux urinaire ou non, communiquant avec l'urètre et très difficile à guérir ; tandis
que parfois, si l'on arrive à temps, il est possible de
provoquer la décongestion de la glande malade, de
faciliter l'évacuation des sécrétions et du pus en rétention ; alors la guérison survient en quelques jours sans
suites fâcheuses imputables au traitement.

Livrée à elle-même, dans un certain nombre de cas,

la cowpérite aiguë aboutit à l'ulcération de la peau et s'ouvre au périnée ou dans le rectum ; mais la cause habituelle des fistules périnéales de la glande, c'est l'incision, parfois justifiée, parfois hâtive, des tissus tuméfiés du périnée.

L'ouverture spontanée siège ordinairement au périnée dans la région de la peau qui répond à la glande et du côté correspondant à celle-ci, bien que très près de la ligne médiane. Il est rare qu'elle se fasse beaucoup plus en avant après avoir décollé les tissus ou en arrière du côté du rectum ; il est toutefois des exemples de ce fait.

OBSERVATION XLI (M. Reliquet). — *Fistules urètrales non uri-naires* (page 29). — Il s'agit d'un homme de trente ans, très solide. Il y a plusieurs années, pendant une chaudepisse aiguë, il se forma une tumeur au périnée, dans le triangle gauche, qui pro-voqua de très grandes difficultés pour uriner et des douleurs violentes dans l'anus jusqu'au moment où elle se vida dans le rectum.

Actuellement existe à la même place une tumeur, exactement limitée à la moitié postérieure du triangle gauche du périnée, qui, même lorsqu'elle est à son complet développement, ne s'étend pas en avant, n'envahit pas sur le côté droit du périnée en dépas-sant le raphé médian, et ne dépasse pas à gauche le sillon fessier. Ainsi développée, elle est peu douloureuse au toucher. Elle est manifestement fluctuante.

Elle se vide complètement, au moment du coït, dans le rectum, ce qui épouvante le malade; il se figure qu'il éjacule par l'anus. Le liquide ainsi évacué est très visqueux, purulent. Immédia-tement après le coït, la tumeur est tout à fait affaissée, la saillie de la moitié postérieure du triangle gauche du périnée n'existe plus.

Il y a des troubles de miction qui suivent exactement le degré de développement de la tumeur, qui, aussitôt vidée par le coït, recommence à se développer à nouveau. Quand le coït vient d'avoir lieu, la tumeur n'existe plus ; les mictions sont à des intervalles normaux ; à mesure que la tumeur se développe, les envies d'uriner deviennent de plus en plus fréquentes ; la sortie de l'urine, le maintien du jet, nécessitent un effort de plus en plus énergique et continu. Manifestement, la vessie ne se vide pas.

Malgré ces efforts pour uriner, le liquide épais qui constitue la tumeur n'est pas chassé dans le rectum. Souvent, avec les garde-robes, il sort un peu de ce muco-pus visqueux ; mais, si énergiques que soient les efforts de défécation, la poche ne se vide pas et continue à se remplir, à se distendre jusqu'à la prochaine éjaculation.

Du côté de l'urètre, il n'y a pas d'écoulement, pas de rétrécissement. Lorsque la miction est très difficile, la tumeur étant très développée, une grosse bougie n° 22 passe facilement dans l'urètre.

La pression directe sur la tumeur très grosse ne fait rien sortir par l'urètre, à peine s'il sort quelques gouttes de ce muco-pus par l'anus.

Le spéculum ani nous fait voir, sur la paroi antérieure du rectum, à plus de trois centimètres au-dessus de l'anus, une goutte du liquide glaireux purulent faisant saillie dans un orifice à bords sans bourrelet. Cette ouverture, qui paraît ronde, la paroi de l'intestin étant tendue par le spéculum, a de quatre à cinq millimètres de diamètre.

Nous faisons l'opération de la fistule à l'anus avec le constricteur de Maisonneuve.

La tumeur étant très développée, je la ponctionne avec le bistouri à sa partie la plus antérieure. J'introduis une sonde cannelée très solide et je la conduis vers le rectum, jusqu'au point le plus élevé, le plus reculé de la poche, qui est à plus d'un centimètre au delà de l'ouverture dans le rectum.

Un doigt dans le rectum, je sens l'extrémité de la sonde cannelée contre la paroi intestinale ; par pression sur ce doigt, je traverse cette paroi avec la sonde cannelée. Alors, je passe le fil de fer qui dans son anse comprend toute la paroi périnéo-rectale de la tumeur, dont je fais la section.

Au fond de cette large plaie, dans l'angle, entre la branche montante de l'ischion et le bulbe, contre celui-ci, nous voyons très distinctement une petite masse glandulaire, grosse comme un pois chiche, qui ne peut être que la glande de Cowper.

Le pansement est fait avec de la charpie imbibée d'eau phéniquée. La cicatrice est soigneusement conduite du fond à la surface. Pendant longtemps, deux mois, il resta un petit trajet, qui finit par se cicatriser, et les accidents n'ont pas reparu.

OBSERVATION XLII (M. Reliquet). — *Fistules urétrales non urinaires* (page 31). — M. X..., trente-huit ans environ, habite ordinairement dans les pays chauds, a fréquemment des coliques néphrétiques et a rendu à différentes reprises des graviers, a eu des abcès au périnée, avec difficultés très grandes pour uriner. Ces abcès se sont vidés par l'anus et à la marge de l'anus. Depuis cette époque, il y a une fistule anale, et il y a ce fait que le malade rend par l'urètre des débris de matières fécales et des gaz.

Ce malade, ayant très souvent de la gêne et même de la douleur dans le périnée et l'urètre, a imaginé tout seul la manœuvre suivante, qu'il exécute facilement et qui le soulage. L'un des membres inférieurs, le droit, élevé, le pied à plat sur une chaise, il met dans l'orifice extérieur du trajet fistuleux la canule d'une poire en caoutchouc pleine d'eau, puis il l'introduit profondément en la dirigeant obliquement vers le rectum et le côté gauche du périnée. Alors il comprime la poire de caoutchouc et le liquide sort très clair par le méat urinaire. Cette injection de lavage, il la répète assez souvent : elle diminue toujours la gêne et la douleur dans le périnée.

Le malade nous a affirmé que l'urine n'avait jamais passé par la fistule. Nous l'avons fait uriner devant nous, et le docteur Chevalet a répété cela plusieurs fois. Nous n'avons jamais vu l'urine sortir par la fistule ou l'anus.

Les gaz sortent par l'urètre, ainsi que les liquides intestinaux, chargés de petits débris fécaux.

Nous constatons facilement la fistule anale en avant de la marge de l'anus, le stylet pénètre dans l'intestin, le pont de la fistule a à peine deux centimètres de hauteur. Mais il nous est impossible d'engager le stylet dans le trajet qui va vers l'urètre. Au toucher rectal, on trouve à environ cinq centimètres en haut, sur la paroi rectale antérieure, un petit bourrelet rond avec dépression centrale, qui est l'extrémité d'une sorte de cordon allant en avant et à gauche vers le périnée.

Avec le docteur Chevalet, après avoir pris nos précautions pour que l'intestin soit vide : la veille nous purgeons, le matin, deux heures avant notre arrivée, on donne un grand lavement. Dans ces conditions, le malade, anesthésié par le chloroforme, est mis dans la position propre à la taille périnéale.

Nous faisons la section du pont fistuleux avec le constricteur de Maisonneuve, et nous cherchons un trajet allant de la continuité de cette fistule anale à l'urètre sans rien découvrir. Évidemment le malade, en introduisant sa canule par cette fistule anale, pénétrait dans l'intestin et de là entrait dans la fistule recto-urètrale.

L'anus dilaté, comme dans la dilatation forcée, avec les doigts : nous touchons, nous ne trouvons rien sur les parois postérieures et latérales du rectum. En avant, nous reconnaissons que la prostate est de dimension et consistance normales ; qu'elle est indépendante du bourrelet et du cordon que le toucher rectal nous avait déjà fait reconnaître ; que ce cordon, à partir du bourrelet terminal, est libre, n'est pas adhérent à la muqueuse, et qu'il se dirige bien en avant et à gauche vers le bulbe. Une grosse sonde à grande courbure en métal, dans l'urètre, permet de reconnaître très exactement le point terminal antérieur de ce cordon, en rendant le toucher rectal plus net.

Le spéculum ani placé, nous ne trouvons pas que le bourrelet soit très apparent ; on le sent bien toujours avec le doigt, mais l'œil ne le distingue pas. Nous cherchons à introduire dans sa dépression centrale, en le conduisant sur le doigt, un stylet d'argent recourbé brusquement ou une petite canule de même forme sans pouvoir y parvenir.

De plus, nous étions gêné à tout instant par des matières fécales demi-liquides, d'une abondance extraordinaire, qui venaient interrompre l'exploration.

Les jours suivants, M. Chevalet, se guidant sur la pulpe de son doigt appliqué sur le bourrelet de la muqueuse rectale, parvient à entrer l'extrémité fortement coudée d'une canule grosse comme un stylet dans l'orifice de la fistule, et à injecter du liquide qui revient par l'urètre, ce qu'il fait devant moi.

Le diagnostic était fait : fistules recto-urètrales permettant au liquide de passer du rectum à l'urètre et ne laissant pas passer l'urine de l'urètre au rectum.

L'état général du malade, très affaibli par un long séjour dans les pays tropicaux ; l'importance de la plaie à faire pour inciser tout ce trajet fistuleux, depuis son ouverture dans le rectum jusqu'à la glande au niveau du bulbe, y compris la portion correspondante du périnée ; en un mot, la plaie résultant de la section de tous les tissus compris dans l'angle entre le trajet fistuleux recto-glandulaire, la glande au sommet, et la portion postérieure du périnée, nous fît dire au malade qu'il pourrait guérir par cette opération, mais qu'il fallait remonter ses forces avant de la faire, et nous ne l'avons plus revu.

Pendant quelques jours, après l'ouverture spontanée ou chirurgicale du phlegmon dont le point de départ a été dans la glande, il s'écoule un peu d'urine par le périnée. Cet écoulement d'urine, même passager, peut faire absolument défaut. La cicatrisation s'effectue complète et durable dans la majorité des cas; mais souvent, après quelques jours, quelques semaines, le périnée redevient douloureux et tendu dans un point où un nouveau petit abcès se forme, qui s'ouvre à l'extérieur. Celui-ci peut encore guérir; mais il est suivi d'une nouvelle poussée inflammatoire aboutissant encore à l'ulcération.

La fistule est intermittente; elle devient permanente et on sait combien difficile à guérir.

On reconnaît ces fistules et on les différencie des fistules urinaires résultant d'une perte de substance urètrale, en particulier par les signes suivants : elles ne laissent point écouler d'urine, bien qu'elles communiquent avec l'urètre; elles siègent dans une région périnéale limitée qui correspond à la glande malade; elles conduisent directement sur le corps glandulaire, sans décollements, sans clapiers, sans orifices multiples, — en général, tout au moins. La différence est déjà très manifeste avec les fistules urinaires du périnée. De plus, les indurations périphériques de la fistule sont peu étendues et le périnée ne se déforme point comme il se déforme dans le cas de fistules urinaires ayant persisté un certain temps.

En un mot, les fistules de la glande de Cowper, après les cowpérites simples tout au moins, sont des fistules *urètrales non urinaires*.

V

Fistules urètrales non urinaires (1). — Causes. — Physiologie pathologique. — Traitement.

Il existe des trajets fistuleux consécutifs à des abcès périphériques à l'urètre, qui permettent au liquide injecté par l'orifice cutané de pénétrer dans l'urètre, et cela sans que l'urine passe de l'urètre vers la peau. Il y a bien des cas où l'urine passe à certains moments par la plaie; mais même dans ces cas les caractères de la fistule et la nature de ses tissus périphériques ne ressemblent en rien à ce qui existe toujours lorsqu'il y a de vraies fistules urinaires. Enfin, le fait que l'injection passe facilement de la peau à l'urètre, en permettant des lavages fréquents du trajet et des cavités de la fistule est une des conditions les plus favorables à la guérison.

Ces fistules sont toujours consécutives à un abcès développé dans une glande périphérique de l'urètre; dans la très grande majorité des cas, il s'agit d'une cowpérite suppurée. Mais, ainsi que nous l'avons vu,

(1) RELIQUET, *Gazette des Hôpitaux*, novembre et décembre 1894, janvier 1895.

cette fistule urètrale non urinaire peut succéder à l'abcès d'une glande périphérique placée en avant des bourses. De même l'abcès de la cowpérite peut s'ouvrir dans le rectum, et alors l'orifice extérieur du trajet fistuleux est là dans le rectum, ainsi que nous en avons cité deux faits.

Observation XLIII (M. Reliquet). — En 1877, un homme de trente ans, Américain, entre dans mon cabinet, se soutenant sur deux béquilles, traînant les jambes derrière lui, exactement comme s'il était atteint de myélite. Dans l'urètre, il porte une sonde en caoutchouc vulcanisé, qu'il me supplie de ne pas retirer, ne pouvant pas uriner sans elle, et ayant toujours de très grandes difficultés pour la remettre. Ce malade présente dans le triangle gauche du périnée, juste au lieu d'élection de l'ouverture cutanée la plus directe, des trajets fistuleux de la glande de Cowper, c'est-à-dire au niveau de cette glande, un orifice large d'un demi-centimètre, d'où s'écoule un muco-pus épais, filant, ayant le caractère du liquide de ces glandes. Par le toucher rectal, rien dans le rectum. Mais l'indicateur étant dans le rectum et le pouce sur le périnée, il était très facile de sentir la continuité du trajet fistuleux allant de l'orifice cutané vers le côté gauche du bulbe, c'est-à-dire à la glande de Cowper que je sens assez grosse et présentant un noyau central dur. Un stylet introduit dans le trajet arrive facilement jusqu'à ce noyau, ainsi que le doigt dans le rectum le reconnaît. L'orifice cutané du trajet fistuleux est sensiblement plus étroit que ce conduit qui, dans sa continuité, présente des dilatations. La sonde à demeure dans l'urètre rend encore plus nets les résultats de cette exploration. La sensibilité cutanée des membres inférieurs est très diminuée.

Le malade me raconte qu'il a presque continuellement un écoulement de l'urètre depuis dix ans, mais le plus souvent très insignifiant, de temps en temps plus fort.

En novembre 1845, il a brusquement de la difficulté et de la douleur en urinant, et là où est sa fistule on trouve une tumeur douloureuse au toucher Cette tumeur persiste avec des alternatives de diminution et d'augmentation dans le volume, ainsi que les douleurs et les difficultés pour uriner, pendant huit mois. Puis

l'écoulement qui continue toujours plus ou moins abondant cesse,
et pendant quatre mois le malade n'éprouve rien.

En novembre 1876, un an après le début des premiers accidents, le malade m'affirme que, sous l'influence d'une grippe
violente, la tumeur du périnée reparaît, à la même place, avec
tous les troubles de la miction et des douleurs plus vives encore
qu'à la première atteinte. Après des soins de plusieurs mois, la
tumeur s'ouvre; il en sort du sang et de l'humeur, et, m'affirme
le malade, en urinant il passe par cette ouverture des gouttes
d'urine. Alors on voulut passer une sonde dans l'urètre, mais le
canal était tellement sensible, qu'on ne put y arriver. Après bien
des tentatives infructueuses, on donna du chloroforme, et ce ne
fut que pendant l'anesthésie que l'on put mettre une sonde assez
grosse pour laisser passer l'urine. Peu à peu on arriva à une
sonde plus grosse. (Quand le malade vint chez moi, il avait dans
l'urètre une sonde en caoutchouc vulcanisé nº 17.)

Pendant la sonde à demeure le trajet fistuleux diminuait, semblait se cicatriser; mais dès que la sonde était enlevée, tout se
reproduisait. Nouvel abcès et fistule consécutive, mais c'était toujours le même trajet fistuleux; il n'y a jamais eu d'abcès périphérique et de nouvelles ouvertures cutanées, comme cela a toujours
lieu dans les fistules urinaires ordinaires.

Pour lutter contre cette affection on ouvrit le trajet, on y fit
des cautérisations au fer rouge. A la dernière pratiquée pendant
l'action du chloroforme, le malade se réveilla, ayant les membres
inférieurs insensibles et ne pouvant pas les remuer.

Ayant toujours la sonde à demeure, il resta couché pendant
trois mois; puis se leva, marcha avec des béquilles, traînant les
jambes. Ayant toujours la sonde à demeure, étant dans cet état,
il se produit un gros abcès dans le trajet fistuleux, l'ouverture de
celui-ci s'étant fermée.

Il y avait un mois que cet abcès s'était produit lorsque ce
malade vint chez moi.

Je fais immédiatement le débridement en haut et en bas du
trajet fistuleux jusqu'au niveau de la glande, de façon à avoir un
infundibulum à parois régulières, ayant son sommet à la glande.
Je le remplis exactement d'une mèche de charpie imbibée de glycérine phéniquée.

Je donne un grand lavement matin et soir avec ma longue
canule en gomme, et une heure après que ce grand lavement a

été rendu, le malade prend un petit lavement de 100 grammes d'eau de graines de lin très épaisse contenant 2 grammes de bromure de potassium. Le pansement de la plaie, fait toujours en remplissant exactement l'infundibulum, est renouvelé matin et soir.

Après huit jours de ce traitement, tout est amélioré ; l'urètre est moins sensible, le malade consent à retirer la sonde. Il urine par le canal sans difficulté devant moi, je ne vois rien sortir par la fistule. Les mouvements des jambes sont revenus et la marche est presque normale.

Je fais des injections par l'orifice cutané avec de l'eau phéniquée au millième, dont une partie revient par l'urètre. Le malade continue ses pansements, ses grands lavements et ses petits lavements bromurés. Tous les deux jours je fais une injection d'eau phéniquée dans le trajet fistuleux, qui diminue de plus en plus ; une partie de l'eau de l'injection revient par l'urètre. Après quinze jours, je débride à nouveau, mais seulement l'orifice cutané qui se resserre plus vite que le trajet, et je finis par obtenir la cicatrice complète du sommet de l'infundibulum à la peau, après un mois de traitement.

Par l'urètre, il persiste un écoulement de matière blanche assez épaisse, filante, qui disparaît peu à peu.

Ce malade, après ses absences de Paris, est revenu souvent me voir ; toutes les fois j'ai constaté le maintien de la guérison. En janvier dernier (1884), je l'ai soigné d'une véritable chaudepisse, qui s'est guérie, sans manifestation du côté de sa glande de Cowper gauche.

Dans cette observation, il faut retenir plusieurs points que nous avons d'ailleurs déjà rapidement indiqués et qui se retrouveront dans d'autres. Si l'urine a passé par le trajet fistuleux cet état de choses n'a du moins pas persisté. Enfin, et surtout, les parois du trajet fistuleux n'étaient point indurées, les abcès qui se sont succédés se sont toujours ouverts au niveau de la cicatrice primitive, autant de différences avec les fistules urinaires du périnée.

Dans le fait suivant où l'évolution de la cowpérite

gauche a pu être suivie régulièrement, l'urine n'a jamais passé par la plaie.

OBSERVATION XLV (M. Reliquet). — M. X..., cinquante-quatre ans, courrier, vient me consulter en janvier 1879. Il a eu, depuis quinze ans, de nombreuses coliques néphrétiques, et me montre la petite boîte contenant de nombreux petits calculs ronds ou à facette, sans rugosité, rouge jaune, et du volume d'une tête d'épingle à celui d'un pois chiche. Depuis un an, il ne rend plus de gravier, et ses envies d'uriner sont devenues de plus en plus fréquentes. Actuellement, jour et nuit, il urine tous les trois quarts d'heure, parfois plus souvent, toujours avec difficulté; il est obligé de pousser. La marche, et surtout la voiture, provoquent des envies d'uriner plus fréquentes, et une douleur vive tout le long du canal jusqu'à l'extrémité de la verge.

Il se plaint aussi d'éprouver de la douleur au périnée en avant de l'anus lorsqu'il est assis. Dans le triangle gauche du périnée, juste entre le bulbe et la branche montante de l'ischion, je trouve une tumeur dure, adhérente au bulbe, grosse comme une forte noisette, oblongue d'avant en arrière, sensible à la pression, mais rénitente, sans fluctuation. En la comprimant on fait sortir par l'urètre un liquide muqueux, épais, filant, blanc, strié de jaune. La peau et les tissus sous-cutanés n'adhèrent pas à la tumeur. On saisit très bien la tumeur entre l'indicateur dans le rectum et le pouce sur le périnée, et on reconnaît très exactement sa position sur le côté gauche du bulbe.

Le malade étant couché je passe une sonde en gomme coudée n° 18, qui pénètre facilement dans la vessie d'où s'écoule, par un jet très marqué jusqu'à la fin de l'émission, 600 grammes d'urine. La vessie vide, je sens très nettement le frottement de la sonde sur de la pierre.

J'impose au malade de rester couché, je lui maintiens le rectum constamment vide en lui donnant des grands lavements d'eau tiède avec ma longue canule en gomme et un irrigateur d'un litre. J'apprends au malade à se sonder, ce qu'il fait très bien. Quatre fois par vingt-quatre heures, il se vide la vessie. En dehors de ces quatre sondages il n'a pas envie d'uriner. Pendant ces huit jours de soins préparatoires, la tuméfaction de la glande de Cowper reste absolument la même et indolente.

Je fais la lithotritie. Je trouve plusieurs petites pierres grosses comme des gros pois, et une qui a 2 centimètres et demi de diamètre. Je me sers, bien entendu, de mon brise-pierre à pignon et de mon appareil pour la lithotritie. Après trois minutes de broiement, je ne trouve plus que des petits fragments. Puis je fais l'évacuation avec la sonde évacuatrice à grands yeux et les injections.

Tout se passe bien. Le malade se sonde pour uriner. Une fois par jour je lave la vessie avec de l'eau phéniquée au millième. Des graviers et des poussières sont évacués par la sonde en gomme. Après huit jours, j'examine, je ne trouve que de petits fragments. Alors, après un repos de quatre jours, le malade était debout, je lui passe une sonde évacuatrice, par laquelle je fais des injections. Celles-ci entraînent tous les fragments de pierres qui restaient dans l'excavation profonde de la vessie, en arrière du col. Pendant ces différentes manœuvres, la glande de Cowper s'est irritée; après l'examen et après l'évacuation debout, elle est devenue de plus en plus douloureuse, de plus en plus grosse.

Le phlegmon s'est établi, avec les phénomènes généraux de frisson et de fièvre. A ce moment, en comprimant la tumeur, il sort par l'urètre du muco-pus filant.

Cinq jours après la dernière introduction d'instruments métalliques, la tumeur, grosse comme une poire moyenne, soulève la peau du périnée et se prolonge en avant sous le scrotum.

J'ouvre largement en coupant avec le bistouri, la peau et l'aponévrose, puis avec le doigt, pour éviter les artères; il s'écoule la valeur d'un verre de muco-pus filant, épais. La cavité est lavée avec de l'eau phéniquée au 6/1000°. Dans la plaie, je laisse une mèche de charpie. Matin et soir, on fait des injections d'eau phéniquée dans la cavité de l'abcès, et le quatrième jour une partie de l'eau de cette injection revient par l'urètre.

Toujours le malade est obligé de se sonder pour uriner.

Après dix jours, lorsque le gonflement a disparu, qu'il ne reste plus qu'un trajet sans cavités latérales profondes, que le malade marche, s'assied sans douleur, alors il commence à uriner librement par le canal. A chaque miction il rend 300 grammes d'urine, reste quatre et cinq heures sans uriner. Jamais l'urine ne passe par la plaie. Tous les jours on continue à faire des injections d'eau phéniquée dans la plaie, et cela matin et soir, lorsqu'on change le mèche de charpie qui remplit le trajet, et presque à chacune de ces injections il en passe une partie par l'urètre.

A deux reprises, à une dizaine de jours d'intervalle, j'ai dû débrider le trajet et surtout son orifice cutané pour régulariser l'infundibulum de la glande à la peau. La guérison a été complète après cinq semaines.

Il est vrai que le malade avait repris son travail dans Paris depuis quinze jours.

A la suite d'un voyage, l'abcès de la glande s'est reproduit; je l'ai ouvert de nouveau, et cette fois par le même traitement j'ai obtenu en un mois la guérison. »

L'abcès de récidive était exactement à la même place que le premier, et les tissus périphériques ont toujours conservé leur souplesse normale.

Le fait d'une injection, qui poussée dans un orifice cutané du périnée, passe dans l'urètre et sort par le méat ne permet pas de conclure à l'existence d'une fistule urinaire. En effet, quand il s'agit d'une fistule de la glande de Méry, malgré la possibilité pour son canal excréteur de laisser passer des matières épaisses semi-liquides, on comprend cependant que les produits de la glande enflammée deviennent trop épais pour sortir facilement, qu'ils s'y accumulent, provoquent la dilatation du canal de l'orifice urètral et de la glande, en même temps qu'ils déterminent l'inflammation du tissu cellulaire périphérique, et par suite ce que nous connaissons sous le nom de phlegmon de la glande de Cowper. La dilatation du canal excréteur par les produits de la glande enflammée explique pourquoi, aussitôt après l'ouverture de l'abcès, tous les liquides contenus dans la glande étant évacués, il peut se faire que l'urine passe par la plaie, ainsi que l'ont observé Gubler et Mauriac (1). Mais la surdistension du canal

(1) Thèse de Gruget, 1876. — *De la fistule de la glande de Cowper.*

excréteur n'ayant pas fait perdre à ses parois leur rétractilité et leur contractilité propres, il en résulte que le calibre normal de ce canal se rétablit vite, que sa fonction redevient complète; alors l'urine ne passe plus par le trajet de la plaie. C'est, en effet, ce qui arrive dans la très grande majorité des cas quand on ouvre un phlegmon de la glande de Cowper. Cependant, ainsi que nous allons bientôt en donner une observation, il peut arriver que l'urine continue à sortir par le trajet. M. Gosselin en a observé aussi un cas.

Presque toujours après l'ouverture du phlegmon de la glande, très peu de temps après, l'urine ne passe plus par la plaie, si elle a passé, et la cicatrisation complète du phlegmon se fait sans difficulté. Il est évident que le produit de sécrétion reprend son cours normal par le canal excréteur.

Mais il peut arriver que la cicatrisation ne se fasse pas; des faits de non-guérison sont signalés par M. Desprès, dans ses leçons *(France médicale)*, et dans la thèse de Coulliard, 1876. M. Desprès conclut en disant que le pronostic est peu grave, ces fistules de la glande de Cowper étant parfaitement compatibles avec l'état de santé, et qu'elles sont à peu près incurables.

M. Gruget, dans sa thèse, après avoir parlé de tous les moyens de traitement en usage, même de l'extirpation de la glande, proposée par Swediaur, moyen le plus rationnel, l'incurabilité par les autres moyens étant admise, dit fort justement, page 29 : « Pour mettre un terme à cet état de choses, il faudrait rendre au mucus sa direction première. » C'est le résultat que nous avons obtenu par les injections faites dans la cavité de la fistule. C'est évidemment grâce au passage de l'injection dans l'urètre, aux lavages fréquents du conduit excréteur par l'eau phéniquée ou l'eau boriquée qui entraînaient toutes les matières pouvant oblitérer et suspendre la communication de la glande à l'urètre, que le malade a dû la guérison. Mais, tout en satisfaisant à cette première indication, il ne faut pas oublier que cette petite glande, grosse au plus comme un pois, point de départ de ce phlegmon, se trouve sur le côté du bulbe, au sommet ou un peu plus au centre d'une cavité qui suppure. Il faut que le retrait de cette poche sur la glande soit complet, qu'il ne reste pas d'espace capable de suppurer entre la glande et les tissus qui l'entourent, pour qu'il n'y ait pas de récidive.

Il faut que le retrait des tissus sur la glande, redevenue saine, soit complet, et ce n'est pas le résultat le plus facile à obtenir. Si on laisse le trajet se cicatriser avant que ce retrait des tissus sur la glande soit absolu, s'il reste le plus petit point à la surface de la glande capable de donner un peu de pus, c'est une récidive certaine, et dans un temps court. De là les soins par lesquels nous cherchons à maintenir constamment la disposition en infundibulum du trajet fistuleux, son sommet étant à la glande. De là les pansements avec la mèche de charpie remplissant le trajet, et mieux avec le tube à drainage, et enfin avec une petite canule d'argent (à ouvertures latérales de drain) pour satisfaire à la dernière période, lorsque le trajet fistuleux de la glande à la peau est devenu très étroit. Par cette canule on continue, jusqu'au dernier moment, à faire les injections, pour maintenir la perméabilité du canal excréteur. On ne retire cette canule que lorsque les tissus des parois du trajet fistuleux sont tout à fait normaux sans induration; lorsque la masse glandulaire est à peine perceptible au palper, lorsqu'il ne sort plus de muco-pus par la canule, et enfin lorsque cette petite canule est absolument serrée par toutes les parois du tissu fistuleux, alors, dans les vingt-quatre heures qui suivent, la cicatrisation est complète.

Mais pourquoi l'urine ne revient-elle pas par la plaie? Évidemment, c'est parce que le conduit excréteur de la glande a repris son calibre, si à un moment donné il a été dilaté, ou mieux parce qu'il a toujours conservé sa fonction d'empêcher le liquide contenu dans l'urètre de refluer vers la glande.

Voici maintenant un fait où pendant longtemps l'injection a passé par l'urètre, sans qu'il s'écoulât la moindre quantité d'urine par la fistule. Et cela jusqu'au moment où des graviers sont sortis par la plaie. A partir de ce fait, à chaque miction, quelques gouttes d'urine sont passées par la fistule :

Observation XLV (M. Reliquet). — A la fin de mars je suis appelé près de M. X..., soixante ans, atteint de rétention d'urine. Chaudepisse dans sa jeunesse; il y a plus de vingt ans a eu à deux reprises des abcès au périnée qui ont été ouverts. A cette époque, on s'était beaucoup préoccupé de savoir si l'urine passait par les ouvertures faites. Ce qu'on ne put pas constater.

Avant ces abcès, il avait déjà des difficultés de miction, qui furent traitées par le passage de bougies de plus en plus grosses. Pendant un certain temps, son médecin passa quelquefois des bougies nos 12 à 15, qui maintenaient la miction. Mais ces soins furent interrompus.

Depuis longtemps un long séjour en chemin de fer provoquait de la difficulté pour uriner et de la gêne au périnée. M. X... vient de faire un long voyage pendant lequel ont débuté les accidents actuels.

A mon arrivée, le 26 mars, la difficulté pour uriner est très grande. Par des efforts violents il s'échappe quelques gouttes d'urine et cela à des intervalles très rapprochés.

Le passage de l'urine dans l'urètre est très douloureux.

Sur la face inférieure de la verge, dans les bourses, existe une tumeur accolée à l'urètre, bien délimitée, sans l'empâtement périphérique, si caractéristique de l'infiltration urineuse. Cette tumeur a augmenté rapidement depuis deux jours, et le malade compare cette tumeur et cette douleur qu'il éprouve exactement à ce qu'il a eu il y a vingt ans, lorsqu'on lui a ouvert successivement deux abcès. Par le toucher rectal on reconnaît que la tumeur s'arrête en arrière au niveau du bulbe.

En explorant l'urètre je trouve un rétrécissement situé un peu au delà de la partie moyenne de la verge, et dans lequel je ne peux passer que le n° 7. Cette bougie soulage, en favorisant la sortie d'une assez grande quantité d'urine immédiatement après qu'on l'a retirée.

Devant cette tuméfaction sous l'urètre, que, de suite je considérai plutôt comme un abcès périphérique que comme une infiltration commençante, mais ayant la crainte de l'infiltration, je commençai par proposer de faire immédiatement l'urètrotomie interne. Si c'est une infiltration d'urine, par l'urètrotomie interne et la sonde à demeure nous verrons tout de suite la tuméfaction se limiter, s'affaisser, ne plus être douloureuse (1), et nous aurons la chance très probable, dans ce cas, d'obtenir la guérison sans ouverture à la peau, sans fistule. Si c'est un abcès glandulaire périphérique à l'urètre, l'urètrotomie et la sonde à demeure seront sans action sur lui.

Enfin, il n'y a pas d'erreur possible, il y a rétrécissement de l'urètre, l'obstacle est en avant du cul-de-sac du bulbe dans la verge, il ne s'agit pas d'un spasme de la région membraneuse, provoquée par la cowpérite.

Je fais l'urètrotomie interne. Pendant les quarante-huit heures

(1) Ce que j'ai démontré dans mon *Traité des opérations des voies urinaires*, page 352 (t. Ier.)

que la sonde reste à demeure, la tumeur des bourses, au lieu de s'affaisser, de se ramollir, d'être moins douloureuse, reste sensiblement dans le même état; elle ne diminue ni n'augmente.

Deux jours après avoir retiré la sonde à demeure, la tumeur fluctuante est saillante en avant des bourses, la peau est rouge, très douloureuse au toucher. J'ouvre en avant sur ce point, il sort un liquide fétide, sanguinolent, assez épais, rappelant l'odeur des tissus infiltrés d'urine, mais ayant une odeur plus fétide encore, plus douceâtre, exactement celle que j'avais observée un an avant chez un autre malade, qui avait aussi un rétrécissement de l'urètre avec suppuration de la glande de Cowper qui se vidait dans l'urètre.

Les tissus périphériques à cette poche ne sont pas mortifiés, et dans la suite il n'y a pas eu de petits lambeaux de sphacèle éliminés. Avec une grosse sonde cannelée, je reconnais que cette cavité se prolonge très loin en arrière vers le périnée, jusque contre l'urètre. Je fais une contre-ouverture à la face postérieure des bourses contre le périnée, et je mets en place un gros drain de caoutchouc en anneaux. Le tout est lavé dans toutes les anfractuosités avec de l'eau phéniquée au 10/1000ᵉ. Matin et soir, on fait avec cette solution des injections dans la poche, par le drain.

Dès le début, chez ce malade, il a fallu combattre une constipation habituelle. Les lavements avec la longue canule en gomme ont été donnés matin et soir. De temps en temps on donne un peu d'eau purgative.

Trois jours après l'ouverture de l'abcès, les injections faites par les deux ouvertures passent en partie par l'urètre.

Les fonctions de miction se font bien, à des intervalles de trois et quatre heures, sans douleurs. L'urine ne contient pas de mucosités. Et, malgré la surveillance la plus complète, on ne voit pas passer d'urine par les plaies antérieure et postérieure des bourses.

Le dixième jour après l'urètrotomie interne, je passe une bougie nº 18, qui entre facilement dans la vessie.

Puis j'attends que l'abcès soit en voie de guérison pour calibrer l'urètre avec le cathéter Béniqué.

Depuis que la sonde à demeure, après l'urètrotomie, a été retirée, il n'y a pas eu de trace d'écoulement par l'urètre.

Douze jours après l'ouverture de l'abcès, celui-ci a sa cavité réduite au trajet occupé par le drain.

A la base des bourses, en arrière et allant vers la portion périnéale de l'urètre, on sent un cordon gros comme une ficelle qui, partant du conduit occupé par le drain, va en haut et en arrière, vers le bulbe ou près de lui.

Les tissus étant souples tout autour du drain en anneaux, la suppuration qui s'en écoule étant nulle, je le retire et je mets dans l'ouverture postérieure des bourses un drain simple, ayant pour but de maintenir ce conduit postérieur jusqu'à parfaite cicatrisation, en continuant à y faire des injections d'eau phéniquée au 1/1000ᵉ ou d'eau boriquée au 40/1000ᵉ.

Mais ce conduit postérieur se rétracte de plus en plus. Le drain qu'on y met, toujours de plus en plus petit, en sort avec la plus grande facilité. Au contraire, le trajet antérieur persiste ; par lui s'échappe le liquide muco-purulent, épais ; alors je laisse cicatriser le conduit postérieur et je dilate l'orifice antérieur avec du laminaria.

Le malade, en voulant retirer le laminaria, en laisse un morceau dans le trajet. Pour retirer ce corps étranger, je suis obligé d'inciser l'orifice cutané : j'en profite pour régulariser tout le trajet, j'engage un stylet cannelé jusqu'à la limite postérieure contre le bulbe, et j'incise de façon à régulariser l'infundibulum, de façon à avoir un cône, du point le plus profond à la peau.

Pendant cette petite opération, je ne sens pas le moindre frottement de métal sur du calcaire, soit avec le stylet, soit avec le bistouri. Après cette opération, il passe un peu de sang par l'urètre, mais il n'y a aucun trouble de miction ni douleur en urinant.

Les injections d'eau phéniquée, matin et soir, faites dans ce trajet antérieur, passent toutes les fois par l'urètre, entraînant quelques rares petites mucosités. L'urine ne passe toujours pas par la fistule.

Le trajet postérieur se cicatrise très vite.

Tous les jours après l'injection dans le trajet j'y introduis une mèche de charpie en anse imbibée d'eau phéniquée jusqu'au sommet de l'infundibulum.

Depuis ce débridement général du conduit, les parois se régularisent, deviennent souples, et on sent un noyau gros comme une petite cerise qui est contre le bulbe. Peu à peu ce noyau s'isole de plus en plus du bulbe et descend en avant. Ce qui reste des indurations dans le trajet postérieur des bourses se cicatrise et disparaît.

Je continue à surveiller la cicatrisation du sommet de l'infundibulum à la peau. Toujours les injections reviennent par l'urètre et l'urine ne passe pas par la plaie.

Avec les cathéters Béniqué, j'ai progressivement calibré l'urètre qui reçoit le n° 47.

J'étais préoccupé de voir ce trajet antérieur ne pas diminuer, lorsque le trajet postérieur, s'étant cicatrisé, avait disparu aussi facilement. Je ne connaissais pas la nature de l'induration qui s'était éloignée assez du bulbe pour qu'on pût sentir le cordon qui l'en sépare avec le doigt. Lorsque, le 11 mai, dix jours après le débridement du trajet, le matin, je trouve sur les bourses, au pourtour de l'orifice du trajet, dont la mèche est sortie, un petit calcul gros comme une lentille, en tout semblable à celui oblong, à surface lisse.

Le malade ayant eu des coliques néphrétiques, je pouvais me demander si le calcul n'était pas sorti de l'urètre. Mais je fus bientôt fixé. Je le fis analyser par M. Yvon, qui me remit la note suivante :

« Petit calcul blanc, jaunâtre, poli, pesant $0^{gr},072$.

» Soumis à l'incinération, il laisse un résidu minéral abondant.

» Soumis à l'action successive de l'acide azotique et de l'ammoniaque, il donne la réaction de la murexide. Il renferme donc de *l'acide urique.*

» Le résidu minéral dissous dans un acide donne un liquide qui renferme une forte proportion de *chaux*, de *l'acide phosphorique* et de la *magnésie.*

» La matière primitive soumise à l'action de la potasse laisse dégager un peu d'*ammoniaque.*

» On peut associer ces éléments de la manière suivante : *urate de chaux, phosphate de chaux*, avec un peu de *phosphate-ammoniaco-magnésien.* »

Il n'y avait pas de doute, ce gravier était urinaire. Mais, comme on va le voir, il était sorti du trajet fistuleux.

Je continue à panser de la même façon : injections qui passent toujours par l'urètre, en entraînant très peu de mucosités, et mèche en anse dans la plaie.

Le 14 mai, soir, je trouve la mèche en anse dans la plaie ; j'en saisis les deux chefs pour la retirer, mais une résistance énergique s'oppose à sa sortie. Par une traction continue, je la retire, et dans son anse, comme dans une fronde, je trouve deux calculs placés l'un sur l'autre. L'un cubique, dont les six faces sont excavées. La face supérieure porte dans son excavation un gravier de forme lenticulaire ovoïde exactement de même aspect que celui trouvé sur les bourses, le 11 mai.

Ainsi, il n'y a plus de doutes, ce premier gravier est sorti du trajet fistuleux. De plus, les six facettes concaves du canal cubique central laissent supposer qu'il reste des graviers dans le trajet fistuleux. Nous n'en avons vu que deux, il est peu probable que les quatre autres soient sortis sans qu'on s'en soit aperçu. Du reste, j'explore le trajet fistuleux avec un stylet monté sur un tambour en métal, à l'autre extrémité du tambour est fixé un tube en caoutchouc que je fixe dans mon oreille. Ainsi, je sens et j'entends parfaitement le frottement et le choc du stylet contre du calcaire.

Bientôt, sous l'influence des injections qui passent toujours par l'urètre, on voit l'épaisseur des tissus du trajet fistuleux diminuer, devenir très souple : alors on sent très bien les graviers au travers des tissus.

A ce moment seulement, lorsque le malade urine, on voit distinctement des gouttes d'urine qui passent par la plaie, et cela se continue pendant plusieurs mois. Je vais tous les huit jours passer un cathéter Béniqué. Le trajet fistuleux persiste toujours. Il ne se ferme pas absolument, il sort toujours quelques gouttes d'urine.

Bien souvent j'ai engagé le malade à se faire enlever ses graviers, que rien ne pouvait faire prévoir au début, l'urine ne passant pas par la plaie. J'ai eu beau insister sur la formation certaine d'un nouvel abcès, si l'orifice cutané se ferme, sur l'ennui du passage de l'urine, si surtout la quantité d'urine s'écoulant par cette voie augmente. Le malade a voulu rester tel que.

Pendant ce long traitement, M. X... a eu une véritable colique néphrétique, suivie de l'évacuation de cristaux d'acide urique agglomérés en petites masses grosses comme des têtes d'épingle. Mais ces graviers n'avaient pas du tout l'aspect lisse et la consistance dense et dure de ceux qui sont sortis par le trajet fistuleux. Je vois ce malade de temps en temps jusqu'en décembre 1883.

Il est bien difficile de ne pas admettre ici que ces graviers ne se sont pas développés dans le trajet fistuleux. Ainsi, certainement après les premiers abcès qui ont été ouverts, il y a vingt ans, et par les ouvertures desquels on n'a jamais vu sortir d'urine, celle-ci a dû filtrer d'une façon continue dans le conduit glandulaire et y a déposé pendant ce long temps les couches de ces calculs. Il est absolument impossible d'admettre que ces calculs ont pénétré directement de l'urètre dans le trajet fistuleux, en raison de leur volume, car cela supposerait une ouverture urètrale telle que le passage de l'urine par le trajet aurait existé aussitôt après l'ouverture de l'abcès, et l'urine n'aurait pas passé goutte à goutte, et seulement lorsque la cicatrice était presque complète.

Ainsi l'urine peut entrer dans les cavités des glandes périphériques à l'urètre ; pour nous, ce fait en est une preuve, car il n'est pas possible que ces graviers se soient développés dans une poche urineuse ordinaire existant aux dépens des tissus, sans épithélium isolant. S'il en avait été ainsi, les tissus baignés pendant un temps aussi long par l'urine auraient certainement subi les altérations constamment produites par l'urine, c'est-à-dire l'induration, la suppuration et les abcès de voisinage.

L'urine doit absolument être isolée de l'organisme par une couche épithéliale, pour qu'elle n'ait pas de la façon la plus absolue une action délétère sur les tissus, pour qu'il n'y ait pas l'induration caractéristique des tissus qu'elle baigne, la suppuration, les abcès de voisinage, etc., enfin tout ce qui caractérise la fistule urinaire.

Ici nous n'avons rien de cela ; les tissus qui entourent le trajet n'ont jamais été le siège d'une induration, et il ne se forme pas d'abcès périphériques. Il y a l'odeur infecte, rappelant celle du sperme en putréfaction, du liquide qui s'échappe de l'abcès au moment de l'ouverture; mais il n'y a pas de sphacèle, et depuis cette odeur n'a pas reparu. L'évacuation de la poche ayant été complète, les lavages fréquents avec l'eau phéniquée ont empêché toute putréfaction locale.

Quand une fistule urètrale non urinaire s'ouvre dans le rectum, ainsi que nous en avons donné des exemples, la guérison ne peut survenir simplement à la suite de lavages antiseptiques du conduit anormal, le passage des liquides intestinaux entretenant la fistule. (Voir observations XL et XLI.)

De tous les faits cités longuement dans ce chapitre, il convient surtout de retenir les conclusions suivantes ; nous y insistons d'autant plus, qu'à notre connaissance aucun auteur ne s'est attaché à l'étude des fistules urètrales non urinaires et n'a tenté de compléter ce que nous avons remarqué et traité de la question.

— Ainsi, il existe des fistules urètrales qui permettent au liquide injecté par l'orifice externe, que cet orifice externe soit à la peau (ce qui est de beaucoup le cas le plus fréquent) ou dans le rectum, de passer dans l'urètre et de sortir par le méat, et cela sans que l'urine passe de l'urètre à l'extérieur. Il y a des fistules de l'urètre qui ne sont pas urinaires.

Ces fistules sont toujours consécutives à l'abcès d'une des glandes périphériques de l'urètre placée en avant du collet du bulbe. Le plus souvent c'est à la suite de la cowpérite suppurée. Mais elles peuvent exister en avant des bourses à la suite de l'abcès d'une glande anormalement placée au niveau des bourses ou en avant d'elles, dans les parois inférieures de l'urètre, ainsi que nous aurons l'occasion de le rappeler.

Le trajet de ces fistules est toujours composé de deux sections : la première, allant de l'extérieur à la glande, c'est la fistule glandulaire proprement dite ; la seconde, allant de la glande à l'urètre, n'est autre que le canal excréteur de la glande.

Ce canal excréteur, en raison de sa disposition anatomique, de sa façon de traverser la paroi de l'urètre et de s'ouvrir dans la cavité de ce canal, permet au produit.de sécrétion de la glande d'arriver dans l'urètre, mais ne permet pas au liquide contenu dans ce canal de pénétrer dans sa cavité jusqu'à la glande. C'est là un mécanisme normal qui assure l'intégrité de fonction de la glande. C'est ce même mécanisme qui, lorsque la fistule de la glande à l'extérieur existe, permet au liquide injecté par l'orifice extérieur de la fistule de pénétrer dans l'urètre sans que le liquide contenu dans ce canal puisse revenir par la fistule.

Jusqu'à présent les fistules anciennes des glandes de Cowper étaient considérées comme incurables ; *on ne savait comment rétablir le cours normal du produit de sécrétion de la glande vers l'urètre*, ainsi que le dit Gruget (1). Maintenant le fait démontré du passage facile de l'injection poussée par l'orifice externe de ces fistules dans l'urètre permet de rétablir le cours normal de la sécrétion de la glande. Par ces injections aussi fréquentes que l'on veut, on maintient le canal excré-

(1) Gruget, *loc. cit.*

teur de la glande constamment libre; il est ainsi incessamment débarrassé des mucosités épaisses plus ou moins purulentes qui s'y arrêtent et peuvent l'oblitérer.

Cette première indication thérapeutique remplie, il y en a une seconde : il faut obtenir la rétraction complète et exacte des parois de l'abcès sur la glande et la cicatrisation du trajet fistuleux glandulaire, de la glande à la peau, du point profond à la surface, sans qu'il reste en arrière de la cicatrice la moindre surface donnant encore du pus. Tant que ce problème thérapeutique n'est pas résolu, la récidive est certaine. Pour arriver à ce but, il faut maintenir constamment régulier le trajet fistuleux de la glande à la peau; il ne faut pas qu'il y ait sur ses parois des cavités et des saillies. Pour cela on doit débrider les parois de ce trajet, de façon qu'il ait constamment la forme générale d'un cône dont le sommet est à la surface même de la glande, et qu'il soit un infundibulum à parois régulières. Pour maintenir cet état du trajet fistuleux pendant les premiers jours, nous le remplissons de charpie longue imbibée d'eau phéniquée ; quand il est rétréci uniformément et que les parois de l'abcès se rétractent bien sur la glande, on fixe un tube à drainage qui occupe tout le trajet.

Tant qu'il y a de la charpie, le pansement a lieu deux fois par jour, et à chaque fois on fait dans le trajet de l'injection avec de l'eau phéniquée au millième, ou de l'eau boriquée à 40 pour 1000, qui revient par l'urètre. Quand le tube à drainage est en place par lui, on doit faire plusieurs injections par jour. Ainsi

on maintient le canal excréteur de la glande libre et
on favorise le retrait régulier de la cavité de l'abcès et
de la continuité du trajet fistuleux. Bientôt le volume
de l'abcès diminue, la compression directe sur sa masse
ne fait plus sortir par l'urètre de muco-pus glandulaire ;
la rétraction des parois de l'abcès est de plus en plus
complète. Le liquide de l'injection qui sort par l'urètre
n'est plus chargé de filaments de muco-pus, et celui
qui sort à l'extérieur par le tube à drainage diminue
de plus en plus. A un moment le tube est trop gros ;
quand on le retire pour le nettoyer, on ne peut plus
le réintroduire dans le trajet qu'il occupait un instant
avant; il faut le remplacer par un tube plus petit.
Mais on arrive ainsi à un calibre qui ne permet pas la
sortie facile des produits de suppuration, si faible que
soit leur consistance et si petite que soit leur quantité.
Alors il faut remplacer le tube à drainage par une
canule en argent de petit volume, ayant de nombreux
yeux latéraux. Par elle, en raison du peu d'épaisseur
de ses parois et de la largeur relative de son calibre,
les produits de suppuration s'écoulent à l'extérieur et il
est toujours possible de faire les injections de lavages
avec la solution, ce qui assure la perméabilité constante
du canal excréteur de la glande et l'évacuation complète de la suppuration.

Cette canule en argent doit toujours être assez longue
pour que son extrémité aille jusqu'à la glande. En un
mot, comme le drain en caoutchouc, elle doit occuper
tout le trajet fistuleux, de la glande à l'extérieur.
Quand cette petite canule, qui n'a pas deux millimètres
de diamètre, est serrée dans toute la continuité du

trajet fistuleux, et que l'abcès, ou plutôt la masse constituée par l'abcès et la glande, est tout à fait réduite, que les tissus sont souples sur la glande, que les parois du trajet fistuleux appliquées sur la canule d'argent sont souples dans tous leurs points, que le liquide de l'injection revient par l'urètre sans être chargé de filaments muqueux; alors, quand toutes ces conditions existent, on enlève la canule, et la cicatrisation complète est immédiate.

Pour les cas de fistules dues aux abcès d'une glande placée en avant du bulbe, le long de la continuité de la verge, la canule d'argent est supportée sans gêne. Lorsqu'il s'agit de la fistule de la glande de Cowper, ouverte directement au périnée, pendant que cette canule métallique sera en place, le malade ne pourra s'asseoir avec, il devra rester couché. La rapidité de la cicatrisation, dans les meilleures conditions possibles, due à cette canule, doit faire exiger du malade le séjour au lit.

Lorsque la fistule de la glande de Cowper s'ouvre dans le rectum et qu'elle laisse pénétrer les liquides intestinaux dans son trajet, et jusque dans l'urètre, l'indication thérapeutique se complique. Il faut avant tout faire cesser l'irritation due aux liquides fécaux. Chez notre malade, les injections qu'il était parvenu à faire lui-même dans le trajet du rectum à l'urètre le soulageaient momentanément, mais étaient absolument insuffisantes pour amener la guérison. Là il faut d'abord faire cesser le contact des liquides fécaux avec le trajet de la fistule; aussi faut-il faire l'opération de la fistule anale borgne interne en limitant la section profondément dans le périnée à la glande de Cowper et en avant à la partie moyenne du périnée, du côté de la glande, origine de la fistule. Il faut faire là l'opération qui a réussi chez le malade atteint de fistule de la glande de Cowper ouverte dans le rectum (observation XL).

Si nous relevons les observations de cowpérites suppurées avec ouvertures cutanées, rapidement guéries sans fistules consécutives, nous voyons que ce sont les cas de beaucoup les plus nombreux, ainsi que le démontrent les faits de Ricord, de Gubler, de Tillaux (1), de Mauriac. Cependant, ainsi que l'ont observé Gubler, et surtout Mauriac, et comme le dit Gruget (2), « quelquefois immédiatement après l'incision qui donne issue au pus, d'autres fois quelques jours après, on voit l'urine sourdre par la plaie et se mêler au pus ». Et, ajoute Gruget, « ce fait tient-il à une perforation ou à une ulcération de la portion membraneuse de l'urètre, ou bien à ce que quelques gouttes d'urine viennent refluer par le canal excréteur de la glande au moment de la miction ? Je ne sais. » Puis l'auteur, s'appuyant sur les faits qu'il tient de Mauriac, affirme que cette fistule urinaire n'est que momentanée et ne retarde en rien la cicatrisation.

La première hypothèse, celle de *l'ulcération de la paroi de l'urètre*, est inadmissible : une ouverture de la paroi urétrale surtout due à un abcès et laissant passer l'urine ne se cicatrise jamais avec rapidité ; il y a tou-

(1) Dans la thèse de Nicolle, 1873.
(2) GRUGET, *loc. cit.*, page 11.

jours une fistule urinaire véritable qui persiste et qui nécessite un traitement spécial. En effet, dans ce cas, ce sont les tissus, sans protection, non recouverts d'une couche épithéliale, qui directement sont baignés par l'urine; l'action de ce liquide excrémentitiel sur ces tissus est complète, et toutes les altérations de tissus dues au contact de l'urine, induration, suppuration, etc., se produisent. Pour guérir la fistule, il faudra, dans un cas semblable, détourner l'urine du trajet fistuleux d'une façon complète, et cela ne se fait pas dans le temps court que demande la cicatrisation des abcès de la glande de Cowper, comme l'a observé Mauriac. Ainsi ce genre de fistule momentanée, par ulcération de la paroi de l'urètre, n'est pas possible.

La seconde hypothèse : *la pénétration du liquide urinaire dans le trajet excréteur de la glande*, est la seule façon d'expliquer la fistule urinaire momentanée dans ce cas. Nous savons comment et pourquoi, dans l'état physiologique, l'urine ne pénètre pas dans le canal excréteur de la glande de Cowper. Lorsqu'on comprime l'abcès de la cowpérite, surtout lorsque l'inflammation a été lente et longue, ne fait-on pas sortir des mucosités épaisses, très consistantes, qui doivent singulièrement élargir le canal excréteur et surtout son ouverture dans l'urètre, qui est si étroite? L'élargissement de cette ouverture dans l'urètre, à lui seul, peut permettre le passage de l'urine dans l'abcès extérieur. Mais, outre ce fait de dilatation du conduit excréteur qui existe certainement dans les conditions de l'abcès aigu, qui seules nous occupent actuellement, il y a, en plus, *l'inflammation* des parois du conduit excréteur, qui maintient le calibre de ce conduit béant, qui fait que le flot d'urine, en écartant les parois de l'urètre, en les comprimant de dedans en dehors, ne déprime plus le canal excréteur de la glande dont les parois sont suffisamment résistantes pour ne plus s'affaisser à la moindre pression excentrique.

Ainsi l'urine reflue au moment de la miction dans le canal excréteur de la glande et sort par l'ouverture de l'abcès. Mais quand les parois du canal excréteur reviennent sur elles-mêmes, en même temps qu'elles recouvrent leur souplesse, c'est-à-dire quand leur inflammation a disparu, le conduit excréteur reprend sa fonction normale, ses parois se laissent appliquer l'une contre l'autre par le flot d'urine qui passe par l'urètre, et l'urine ne passe plus par l'abcès de la glande de Cowper. Ainsi peut se faire la cicatrisation rapide de ces abcès.

Ce reflux de l'urine dans le canal excréteur de la glande de Cowper, constaté quand l'abcès est ouvert, peut très bien se faire avant que l'ouverture ait donné issue au pus, et cela par le même mécanisme, en raison de la distension existante du canal excréteur et de l'inflammation de ses parois concomitantes. Il en résulte que le contenu de l'abcès, au moment de l'incision, répand une odeur fétide tenant de celle des abcès urineux et de la putridité des liquides de la glande elle-même. Gubler (1) insiste sur ce passage de l'urine par le canal excréteur jusque dans l'abcès, et il dit : « Les abcès dits urineux, sans perforation de l'urètre,

____

(1) GUBLER, pages 42 et suivantes.

qu'on signale presque toujours au voisinage du bulbe, nous paraissent aussi avoir pour siège habituel l'une des glandes bulbo-urètrales. » En effet, il est bien difficile d'expliquer autrement le passage de l'urine dans ces abcès. Ce reflux de l'urine vers la glande peut persister. Dans le fait rapporté en dernier lieu, lors des premiers abcès au périnée, il y a vingt ans, on s'était vivement préoccupé de savoir si l'urine passait par l'abcès, et, au dire du malade, jamais le fait n'a été constaté. Et cependant le canal excréteur de la glande a été perméable à l'urine, car les graviers que nous avons extraits ne se sont certainement pas formés dans l'urètre pour s'engager ensuite dans le canal excréteur de la glande: leur volume ne le permet pas. Puis les six facettes concaves du gravier central recevant très exactement chacune un gravier lenticulaire, cette disposition étrange démontre que ces graviers sont d'une origine ancienne et qu'ils se sont développés dans une cavité très restreinte dont les parois les maintenaient appliqués les uns contre les autres. Enfin il fallait que l'urine pénétrât facilement dans cette cavité et s'y renouvelât incessamment pour qu'il y ait dépôt de matériaux solides de l'urine en aussi grande quantité. Ainsi chez ce malade la persistance du reflux de l'urine dans le cul-de-sac de la cavité glandulaire a duré des années, depuis les premiers abcès jusqu'au moment où nous avons ouvert le dernier abcès, ce qui a permis aux graviers de migrer vers la peau, dans le trajet fistuleux de la glande à la peau.

Dans ce fait, il n'est pas impossible que l'urine cesse de passer, en raison de la rétraction possible du canal excréteur de la glande. Celle-ci n'étant plus arrêtée par les calculs, et le rétrécissement de l'urètre n'existant plus, il pourrait arriver dans ce cas que le trajet de la glande à la peau se fermât, tenant emprisonnés les graviers qui y sont, jusqu'à ce qu'une cause d'irritation en provoque la présence en tant que corps étrangers dans les tissus.

Ainsi se trouvent expliqués ces faits singuliers de calculs trouvés dans le périnée et les bourses, en faisant des autopsies, sans qu'on ait pu découvrir le trajet qui faisait communiquer la cavité occupée par le calcul avec les voies urinaires. Maintenant on pensera de suite au canal excréteur d'une glande périphérique à l'urètre, servant de conduit de communication entre les calculs et l'urètre.

CHAPITRE VIII

Glandes de Littre (glandes à mucus).

I

Après la longue étude que nous venons de faire de chaque glande urètrale, il devient inutile de s'attacher à reprendre la question en détail pour les glandes de Littre qui sont rarement seules intéressées. Leur anatomie et leur physiologie normale et pathologique ont été au début de la première partie suffisamment exposées pour qu'il ne nous paraisse point indispensable de rappeler ici ce que nous disions plus haut.

Toutefois, en raison de leur situation accessible, nous avons pu souvent apprécier l'effet des injections urètrales irritantes sur l'expulsion du contenu de ces glandes. En voici un exemple : un malade, à la suite d'une blennorrhagie, garde un écoulement urètral rebelle à tout traitement. En palpant la verge à trois ou quatre centimètres du méat, sur la face inférieure de l'urètre et un peu latéralement, on sent un noyau induré dont la pression provoque l'apparition d'une goutte purulente au méat. Une injection de nitrate d'argent à un titre assez fort (il n'a pas été précisé dans l'observation), provoque la suppression de l'écoulement spontané. Mais la tumeur de la verge est plus dure, plus sensible, et la pression entre les doigts ne fait rien sortir au méat. On cesse le nitrate d'argent ; l'écoulement reparaît et la tumeur s'affaisse.

Ainsi, à côté des causes de rétention des sécrétions anormales comme quantité et comme qualité dans les culs-de-sac glandulaires qui tiennent aux modifications dans la nature des liquides, ou à la perte d'élasticité des tissus de l'orifice du canal excréteur, il y a l'action irritante des liquides modificateurs. Par quel mécanisme se produit la rétention ? Peu nous importe de formuler une hypothèse ; il nous suffit, pour la pratique, de retenir le fait et d'en tirer un enseignement. Cette action n'est vraisemblablement pas élective et les injections caustiques portées dans une autre région de l'urètre où les glandes sont infectées et sécrètent avec abondance, est probablement encore plus nuisible. Beaucoup de phlegmons périprostatiques reconnaissent pour cause, à notre avis, des cautérisations intempestives de l'urètre profond.

Les causes d'hypersécrétion des glandes de Littre sont communes à tous les appareils sécréteurs de l'urètre, les causes d'infection également. La stagnation des produits sécrétés, infectés ou non, n'est guère provoquée que par la consistance même de ces produits, qui ne peuvent franchir le canal excréteur sous la seule influence de la vis à tergo, ou encore par le boursoufflement de l'orifice urètral tenant lui-même à une inflammation de la muqueuse des voies urinaires.

Quoi qu'il en soit de la cause de la rétention, la glande se dilate, forme une tumeur à siège variable, se vidant par pression entre les doigts, mais parfois ne se vidant point et aboutissant à un abcès dont nous indiquerons les conséquences souvent sérieuses.

Le diagnostic de la rétention glandulaire avec ou sans menaces d'abcès est donc trop facile pour qu'il soit utile de l'étudier plus longuement.

Quand la glande a été enflammée et que l'orifice du canal excréteur a perdu son élasticité, l'urine peut parfois s'y engager et des dépôts urinaires, calculs plus ou moins gros, parfois très gros et très éloignés de leur point d'origine, se former dans la glande, insensiblement pour ainsi dire, jusqu'au jour où leur volume ou une infection nécessitent une intervention immédiate.

Une glande de Littre qui est le siège de stagnation ou de rétention, aiguë ou chronique, de ses sécrétions, agit comme toutes les irritations de la partie antérieure du canal, suivant la loi générale souvent citée, c'est-à-dire qu'elle provoque le spasme de l'urètre avec passivité vésicale. Nous en avons déjà rapporté des exemples dans les *Faux rétrécissements de l'urètre* (1).

(1) Pages 26 et suivantes.

II

L'abcès d'une glande de Littre provoque parfois la formation d'une fistule
urètrale non urinaire.

OBSERVATION XLVI. — *Fistules urètrales non urinaires* (page 11).
— M. X..., environ trente ans, atteint d'une affection nerveuse
qui nécessite l'usage quotidien du bromure de potassium à doses
variables, grand, maigre, extrêmement impressionnable, a toujours eu le prépuce très étroit. La verge étant au repos, il lui
était très difficile de découvrir le gland. A la suite d'un coït,
datant de quinze jours, le prépuce s'est gonflé, est devenu rouge.
Son orifice laisse écouler une grande quantité de pus séreux. En
écartant le plus possible le limbe gonflé de l'orifice prépucial, on
voit le méat qui présente une échancrure transversale sur sa lèvre
droite. Au palper on sent les tissus indurés au niveau du méat.

M. X... a consulté son médecin en province, qui a conclu à un
chancre du méat. Devant cette échancrure transversale du méat
dont je voyais les bords rouges et gonflés, je crus, moi aussi, à un
chancre du méat. La surface lisse, quoique très rouge et sans
trace d'érosion de la muqueuse, me laissa un peu d'hésitation ;
mais en réalité je crus à une ulcération. En dehors de la douleur
produite par le contact de l'urine, il y avait un peu de gêne pour
uriner ; le malade faisait un notable effort. En tous cas, je proposai
immédiatement la circoncision.

A ce moment, à la base de la verge à gauche et en bas, à la
naissance des bourses, il y a une tuméfaction profonde, grosse
comme le pouce, globuleuse, sensible au toucher, sans adhérence
à la peau, adhérente à la verge. Elle est le siège de douleurs pul-
satiles. C'est un abcès.

Le 29 avril, la circoncision est faite. Immédiatement je reconnais qu'il n'y a pas de chancre. Le méat a la disposition congénitale suivante : il a la forme d'un T renversé ; le méat normal
vertical tombe sur le milieu de la fente transversale : le frein ne
s'insère pas sur le milieu de cette lèvre inférieure transversale : il
est placé en dehors de la ligne médiane, à gauche, presque au
niveau de la commissure gauche.

Ce méat a ses bords rouges gonflés; il s'en écoule du pus, mais en écartant ses trois lèvres, on ne voit pas d'ulcération.

Les jours suivants le gonflement du méat et l'écoulement diminuent. Je vois sur la lèvre droite du méat, à 2 millimètres en dehors, un petit orifice d'où semble sortir un liquide. Je comprime transversalement et je vois sortir par cet orifice une forte goutte d'un liquide blanc légèrement louche. Voilà une glande anomale ou tout au moins anomalement placée.

La plaie de la circoncision est pansée avec de l'eau phéniquée au 6/1000ᵉ. La cicatrisation marche très lentement, mais sans incident. Le malade prend toujours son polybromure.

La tuméfaction à la base de la verge augmente, devient de plus en plus douloureuse. Je l'ouvre, il s'écoule un demi-verre de pus avec quelques mucosités sans caractères particuliers. Je fais tous les jours des injections dans la cavité avec de l'eau phéniquée au 6/1000ᵉ. Jamais le liquide ne passe par l'urètre. Je maintiens avec soin de la charpie phéniquée dans l'orifice cutané, et après trois semaines la cicatrisation est complète.

Je croyais la guérison définitive malgré une légère tuméfaction limitée et périphérique aux corps spongieux, qui se continuait avec l'induration propre de la cicatrice de l'abcès, laquelle était très faible. Jusque-là, je croyais à un abcès périphérique de l'urètre non glandulaire.

Quatre jours après cette cicatrisation, la tuméfaction périphérique au corps spongieux qui existe sur une longueur de 2 centimètres, à partir de la naissance des bourses est plus forte, douloureuse à la pression. En la comprimant on fait sortir par le méat du pus assez liquide (ce qui ne s'était jamais produit en comprimant le premier abcès), il semble que ce pus arrive dans l'urètre près du méat.

Alors je fais dans l'urètre une injection, à grande eau, d'une solution d'acide borique au 40/1000ᵉ. Celle-ci revient absolument limpide, sans trace de grumeaux ou de filaments muco-purulents. Aussitôt l'injection faite, je comprime la tuméfaction périphérique du corps spongieux, et il sort par le méat le même pus, en tout semblable à celui fourni par la compression faite avant l'injection. Ainsi le liquide injecté dans l'urètre ne pénètre pas dans le foyer purulent.

Je tente l'action des balsamiques, qui reste sans résultat. Alors je mets le malade au rhum créosoté (7 grammes de créosote pour

500 grammes de rhum, une cuillerée dans un verre d'eau en mangeant).

Tous les jours je comprimais la tuméfaction qui se vidait par l'urètre, mais le lendemain tout s'était reproduit. Après quinze jours, voyant que les médicaments étaient sans action, je ne fis plus la compression, je ne vidai plus la tuméfaction par l'urètre. Le gonflement reparaît vite, il est surtout très marqué en avant de la cicatrice. Après quatre jours l'abcès s'ouvre spontanément tout contre cette cicatrice. Le 17 juin le liquide purulent qui s'en écoule n'offre pas de caractère particulier, sauf un peu d'odeur putride.

Je fais des injections avec de l'eau phéniquée au 6/1000ᵉ.

Le 19 février, j'engage dans la plaie un stylet qui remonte très haut en avant en longeant l'urètre, sans rencontrer d'obstacle. Je substitue à ce stylet une canule d'argent de même volume ; par elle j'injecte de l'eau phéniquée au millième, qui sort abondamment par le méat en entraînant des filaments et de petites masses de muco-pus. Jamais l'urine n'a passé par la plaie.

Tous les jours je fais l'injection en me servant de la canule, et toujours le liquide passe en abondance par l'urètre, entraînant les mucosités purulentes.

Le 22 juin, je me borne à engager l'extrémité de la canule de la seringue dans l'orifice cutané, et le liquide pénètre et sort par l'urètre de la même façon.

La tuméfaction des corps spongieux diminue de plus en plus, ainsi que la quantité de pus qui s'écoule.

Les tissus périphériques sont toujours très souples ; jamais l'urine ne passe par le trajet fistuleux.

Le 27 juin, je mets un tube drain en caoutchouc que j'engage de 3 centimètres dans le trajet. Trois fois par vingt-quatre heures on fait des injections d'eau phéniquée par ce drain, qui toujours reviennent par l'urètre.

Les indurations périphériques aux corps spongieux diminuent de plus en plus, en même temps le trajet se rétracte. Je mets un drain d'un moindre diamètre, mais son calibre est insuffisant pour laisser sortir le muco-pus. Je le remplace, le 13 juillet, par une canule en argent, qui a 1 millimètre et demi de diamètre, présentant de larges yeux latéraux. Par elle on continue les injections qui, comme toujours, passent par l'urètre.

Bientôt le gonflement du trajet fistuleux périphérique à la

canule diminue beaucoup. Le liquide des injections n'entraîne que
très peu de muco-pus. La pression n'en évacue presque pas.

Mais ce n'était pas encore la guérison.

Le 16 juillet, il y a gonflement du côté droit de la verge, avec
œdème du fourreau de ce côté. La pression sur ce gonflement ne
fait rien sortir ni par la plaie ni par l'urètre.

Depuis longtemps je voulais faire supprimer ou tout au moins
interrompre le bromure. Mais ce malade craignait beaucoup de
voir reparaître ses accidents nerveux, dont il a eu plusieurs
accès depuis que je le traite. M. le professeur Charcot, qui avait
conseillé le bromure, voit le malade et permet d'interrompre le
bromure.

Le 20 juillet, l'œdème du côté droit a diminué; le gonflement
est très limité et devient de plus en plus fluctuant et sous-cutané.

J'ouvre ce petit abcès le 21 juillet. Il en sort une mucosité purulente épaisse et filante. Je mets un petit bout de drain dans la plaie
et je lave avec de l'eau phéniquée boriquée.

J'injecte dans ce nouvel abcès ce liquide, dont pas une goutte ne
passe dans le trajet fistuleux ou dans l'urètre.

Le 22 juillet, du côté de l'ancien abcès, les tissus périphériques
à la canule étant tout à fait souples, la cavité suppurante qui
existe depuis si longtemps me semble réduite à un simple trajet.
J'enlève la canule.

Le lendemain, 23 juillet, le trajet fistuleux est tout à fait fermé
et le nouveau petit abcès de droite est près de s'oblitérer.

Il persiste un écoulement de muco-pus assez épais par l'urètre, qui
en sort à des moments assez éloignés, sous la forme de petite masse.

En comprimant le gland pour faire sourdre sur la lèvre gauche
du méat, par le petit orifice glandulaire anomalement placé, il ne
sort qu'un liquide blanc et clair.

Depuis le second abcès, pour lutter contre la sécrétion des
glandes de l'urètre, le malade a pris constamment une cuillerée
de rhum créosotée au 7/500ᵉ dans un verre d'eau, en mangeant,
mais rien n'y a fait. Tant que le malade a été sous l'action du
bromure, les sécrétions ont continué et les cicatrices ne se termi-
naient pas.

L'observation précédente montre à la fois quelles
peuvent être les suites de la stagnation glandulaire,

quand, et la chose est bien fréquente, vient s'y joindre une infection gonococienne ou autre. De plus, elle nous conduit au traitement rationnel, tant pour faire disparaître cette menace d'accidents locaux que pour faire cesser les troubles, parfois très sérieux, provoqués par le faux rétrécissement, la contracture urètrale symptomatique.

III

Traitement de la stagnation et de la rétention des produits de sécrétion dans les glandes de Littre. — 1° Faire disparaître tout obstacle au cours de l'urine. — 2° Calmer l'irritation locale. — 3° Modifier les sécrétions. — Traitement des complications.

Ainsi la lecture des observations précédentes montre les liens qui, au point de vue de la physiologie pathologique et du traitement, unissent les différentes glandes à mucus. Nous n'avons ici qu'à répéter pour le cas spécial des choses déjà dites. Nous n'insisterons donc point.

Il est évident que la première indication thérapeutique, quand on se trouve en face d'une stagnation manifeste dans une ou plusieurs glandes de Littre, ou quand, par l'existence d'un écoulement que la pression sur la verge au point supposé malade exagère pour un instant, de filaments dans les urines, la stagnation glandulaire est probable, est de faire disparaître tout obstacle au cours de l'urine. Cet obstacle peut être un rétrécissement vrai; mais comme nous avons vu que le spasme urètral accompagne les dilatations glandulaires dès que celles-ci deviennent le point de départ d'une action irritante, le diagnostic du rétrécissement devient très délicat et particulièrement le diagnostic du calibre réel (1) de la stricture quand elle existe.

Il ne faut donc point se hâter de conclure à l'existence d'un rétrécissement vrai avant d'avoir examiné très attentivement, et au besoin à plusieurs reprises, l'urètre, le gland, le prépuce, l'état des différents appareils, etc.; ce qui revient à dire qu'il y a lieu, ici comme partout ailleurs, de ne point se départir des règles de la saine clinique et de ne formuler un diagnostic ferme qu'après l'examen complet du malade.

L'obstacle reconnu, quel qu'il soit, sera aussitôt supprimé par les moyens appropriés en même temps qu'on agira par les calmants sur l'irritation locale.

Souvent les glandes de Littre viennent s'ouvrir au fond d'une valvule et sans que celle-ci agisse comme un véritable rétrécissement, elle est souvent le siège d'une inflammation tenace qui ne disparaît qu'après sa section. Ces valvules, en général, assez rapprochées du méat, sont parfois très difficiles à diviser lorsqu'elles siègent plus profondément dans l'urètre.

En même temps que l'on facilite le cours de l'urine, il convient d'employer localement sur les glandes distendues avec ou sans rétention des sécrétions dans leur cavité, les procédés habituels pour faire cesser tout phénomène inflammatoire. Les bains chauds, l'application d'une compresse humide recouverte de taffetas imperméable sont de petits moyens souvent utiles.

(1) RELIQUET et GUÉPIN, *Faux rétrécissements de l'urètre.*

Il n'y a pas à craindre ici, comme pour la prostate, qu'au moment où ces glandes depuis longtemps distendues se vident de leur contenu, l'urine pénètre dans leur cavité et donne lieu à des phénomènes infectieux localisés ou généralisés. Néanmoins, il est préférable, quand l'état glandulaire est très développé, de mettre les malades dans les conditions les meilleures et de leur conseiller, pendant quelques jours, le repos, le régime lacté, les lavements évacuants.

La troisième indication à remplir qui se présente d'ailleurs après les deux autres dans l'ordre chronologique, est de modifier la nature des sécrétions. Celles-ci sont le plus souvent infectées. Mais comme il est impossible d'agir directement sur les surfaces sécrétantes, il faut donc donner à l'intérieur le médicament qui convient suivant l'état général du sujet. Souvent, on se trouvera bien de la créosote, ces malades étant fréquemment des lymphatiques, et au besoin d'une saison à Cauterets, par exemple. Cauterets nous paraît surtout convenir aux formes chroniques, où l'on craint la tuberculose, et à celles où le bacille a été constaté dans l'écoulement. Dans d'autres cas, les malades ont obtenu la guérison définitive par un séjour sur certaines plages. Ailleurs, on utilisera l'arsenic et les bains arsenicaux. Enfin, il nous reste à parler de tous les balsamiques. En général on n'obtient pas grand'chose de leur usage dans les formes anciennes de l'affection; au contraire, dans les formes aiguës, il convient de toujours commencer par eux; car souvent ils suffisent à tarir l'écoulement.

L'amélioration se manifeste par la diminution ou la

disparition des troubles réflexes gênant la miction
(spasmes), par la facilité de l'écoulement des sécrétions
glandulaires qui spontanément se présentent au méat,
et nécessitent alors des soins d'antiseptie locale fréquemment répétés.

Dès que l'écoulement apparaît au méat ou avant
qu'il apparaisse, lorsque la glande ou les glandes
dilatées, moins sensibles, moins dures au toucher, se
laissent déprimer facilement par le doigt qui les presse,
il faut répéter cette manœuvre à des intervalles plus
ou moins rapprochés, pour faire cesser par ce moyen
mécanique la stagnation des sécrétions. On vide ainsi
la glande de son contenu, on permet sa rétraction
progressive. Bien entendu l'expression du contenu des
glandes doit toujours être faite sans la moindre violence
et seulement au moment où les sécrétions s'écoulent
facilement dans l'urètre.

Nous avons déjà insisté sur ces précautions à propos
de la technique de la compression de la prostate (voir
tome I.)

On évitera ainsi la formation d'une fistule dans un
certain nombre de cas.

Quand, aux lésions glandulaires, se surajoute une
complication quelconque, les grandes règles du traitement ne sont en rien modifiées ; il s'y joint le traitement
de la complication elle-même (fistule, calculs).

Nous n'avons envisagé dans ce travail, parmi les
affections nombreuses dont les glandes de l'urètre
peuvent être le siège, que les plus communes d'entre
elles ; ce n'étaient d'ailleurs point les mieux connues

peut-être. Mais, comme il a été dit à plusieurs reprises, nous n'avons jamais eu la prétention d'épuiser le sujet ; il nous suffit de donner ici les résultats de trente années de pratique et d'expérience personnelle (1).

(1) Il n'était point dans l'intention de M. RELIQUET d'étudier ici les affections des glandes de l'urètre féminin.

FIN DU TOME SECOND

TABLE DES MATIÈRES

(DU TOME SECOND)

IMPRIMERIE CHAIX, RUE BERGÈRE, 20, PARIS. — 14536-7-05. — (Encre Lorilleux).

ANCIENNE MAISON DELAHAYE

L. BATTAILLE et Cie, Éditeurs.

23, PLACE DE L'ÉCOLE-DE-MÉDECINE, PARIS

OEUVRES COMPLÈTES

DU DR E. RELIQUET

ANCIEN PROFESSEUR LIBRE

A L'ÉCOLE PRATIQUE DE LA FACULTÉ DE MÉDECINE DE PARIS, ETC.

Réunies et publiées par

A. GUÉPIN

ANCIEN INTERNE LAURÉAT DES HOPITAUX DE PARIS, ETC.

LES GLANDES DE L'URÈTRE

PAR

E. RELIQUET ET A. GUÉPIN

TOME PREMIER. (246 pages). — **Anatomie et physiologie normales des glandes de l'urètre. — Anatomie et physiologie pathologiques. — Prostate, prostatites, hypertrophie** (prostate sénile).